제3세계의 붉은 별

Red Star Over the Third World

by Vijay Prashad

제3세계의 붉은 별

러시아 혁명은 제3세계를 어떻게 바꾸었는가?

지은이 비자이 프라샤드

옮긴이 원영수

1판 1쇄 발행 2018년 12월 18일

펴낸곳 두번째테제

펴낸이 장원

등록 2017년 3월 2일 제2017-000034호

주소 (13290) 경기도 성남시 수정구 수정북로 92, 태평동락커뮤니티 1005호

전화 070-7671-7392

팩스 0303-3441-7392

전자우편 secondthesis@gmail.com

페이스북 facebook.com/thesis2

블로그 secondthesis.blog.me

ISBN 979-11-960960-7-6 (03900)

이 도서의 국립중앙도서관 출판예정도서목록(CIP)은
서지정보유통지원시스템 홈페이지(http://seoji.nl.go.kr)와
국가자료공동목록시스템(http://www.nl.go.kr/kolisnte)에서
이용하실 수 있습니다.(CIP제어번호: CIP2018039849)

제3세계의 붉은 별

러시아 혁명은 제3세계를 어떻게 바꾸었는가?

비자이 프라샤드 지음
원영수 옮김

영원한 나의 안내자이자
여전히 계속 나를 이끌어주는
브린다 카라트에게
이 책을 바친다.

일러두기

1. 이 책은 인도 레프트워드 북스(Leftword Books)에서 2017년 펴낸 *Red Star Over The Third World*를 완역한 것이다.
2. 본문에 나오는 각주는 모두 옮긴이 주다. 원서에서 이탤릭체로 강조한 부분은 볼드체로 표시했다. 도서 제목에는 겹화살괄호(《 》)를, 이외 매체나 작품 제목에는 홑화살괄호(〈 〉)를 사용했다.
3. 외국 인명, 지명은 국립국어원의 외래어 표기법과 용례를 따랐다. 다만 국내에서 이미 굳어진 인명과 지명의 경우 통용되는 표기로 옮겼다. 의미 전달을 위해 필요한 경우 원어나 한자를 병기했다.

차례

이후에 호찌민이라는 이름으로 알려진 응우옌아이꾸옥이 투르에서 열린 프랑스공산당 창당대회에 참석했다.(1920년 12월)

머리말

1917년이 시작되자 차르 제국의 한쪽 끝에서 다른쪽 끝까지 긴장이 조성됐다. 방향을 잃은 전쟁에서, 참호 속에 있던 병사들이 자신의 지배자들에게 총부리를 돌릴 분위기였다. 살아남기 위해 애쓰는 노동자와 농민들은 망치와 낫으로 자본가와 지주의 머리를 날릴 준비를 했다. 여러 사회주의 단체와 그들의 지하 조직들은 민중들 사이에서 점차 방향을 잃고 포악해지는 차르 정권에 맞설 계기를 만들어 내려고 노력했다.

1917년 3월 8일 페트로그라드는 연료 부족 사태에 직면했다. 빵가게들이 문을 닫았다. 빵을 사려고 줄을 선 여성노동자들은 빈손으로 집과 공장으로 돌아가야 했다. 이러한 상황에 분노한 여성 섬유 노동자들이 파업에 들어갔다. 그날은 국제 여성노동자의 날이었다. 구호는 “우리 아이들에게 빵을!”이었다. 또 다른 구호는 “우리 남편들을 참호에서 돌려 보내라!”였다. 여러 공장에서 쏟아져 나온 남녀 노동자들이 그들에게 합류했다. 노동자들은 페트로그라드의 거리에 홍수처럼 밀려들었다. 그들의 분노 앞에 차르 국가는 마비됐다. 이 여성노동자들이 1917년 2월 혁명을 시작했고, 이 혁명은 1917년 10월 혁명과 소비에트 사회주의공화국 연방USSR(이하 소비에트 연방)

에서 정점에 이르게 된다.

10월 혁명 이후 100년이 흘렀다. 10월 혁명이 탄생시킨 소비에트 연방은 단지 70년밖에 지속되지 못했다. 소비에트 연방이 해체되고도 사반세기가 흘렀다. 하지만 10월 혁명의 흔적은 그대로 남아 있다. 흔적은 소비에트 연방의 영토뿐 아니라 제3세계로 알려진 곳에서 더욱 강력하게 남았다. 쿠바에서 베트남까지, 중국에서 남아프리카까지 10월 혁명은 여전히 영감을 주고 있다. 어쨌든 혁명은 노동계급과 농민이 전제 정부를 전복할 수 있을 뿐만 아니라 자신의 이미지대로 그들 자신의 정부를 구성할 수 있다는 사실을 결정적으로 증명했다. 혁명은 또 자연 발생적 소요에 대해 열려 있으면서도 자신의 방식대로 혁명을 완수할 수 있는 전위 정당의 필요성을 증명했다. 이런 교훈은 몽골을 거쳐 중국에서, 쿠바에서 베트남까지 울려퍼졌다.

나중에 호찌민으로 알려진 파리의 이주 청년 응우옌아이꾸옥은 공산주의 인터내셔널의 민족과 식민지 문제에 관한 테제를 읽고 눈물을 흘렸다. 이 테제가 인도차이나 민중의 투쟁에 '기적의 지침'이라고 느꼈기 때문이다. 호찌민은 '우리는 인민, 즉 노동계급과 농민을 투쟁의 뿌리에 둬야 한다. 우리는 우리의 중심에 희생과 단일성을 가진 강력한 당, 강력한 의지를 필요로 한다.'라고 썼다. '찬란한 태양처럼 10월 혁명은 오대륙을 비추면서, 전 세계의 억압받고 착취당하는 수백만 인민을 각성시켰다. 인류 역사에서 그렇게 중요한, 그런 규모의 혁명은 결코 존재하지 않았다.' 이것은 제3세계에서 볼 수 있는 일반적인 태도였다. 이 혁명이 1917년의 여파로 일어난 반식민주의, 반파시즘 투쟁에 얼마나 중요한지를 보여 주는 진지한 감정이었다.

1945년 9월 호찌민은 연단에 서서 베트남의 독립을 선포했다. 그는 간단하게 "우리는 자유롭다."라고 말했다. 그런 다음 회상에 잠긴 듯 외쳤다. "우리는 결코 다시 굴욕을 당하지 않을 것이다. 절대로!" 이것은 특별한 역사를 이룩한 보통 사람들의 확신의 소리였다. 그들은 굴욕을 거부한다. 그들은 온전한 존엄을 원한다. 이것이 10월의 교훈이었다.

이 작은 책은 제3세계에 끼친 10월 혁명의 강력한 영향을 설명한다. 이 책은 폭넓은 연구서는 아니지만, 커다란 희망을 가진 조그마한 책이다. 새로운 세대가 이 혁명이 식민 지배 아래 고통받는 세계 여러 곳의 노동계급과 농민에게 가졌던 의미를 이해하기를 희망한다. 여기 포함되지 않은 이야기도 많고, 아주 충분히 발전되지 않은 이야기도 많다. 그러한 것들을 이런 책에서 기대할 수 있다. 또한 이것은 감정에 관한 이야기이자 열망의 거울이기도 하다. 독자들이 이 책을 진지하게 읽어 주기 바란다.

레프트워드 공산주의 역사그룹(LeftWord Communist History group: 리사 암스트롱Lisa Armstrong, 수체타나 차토파디야이Suchetana Chattopadhyay, 아르차나 프라샤드Archana Prasad, 수드한바 데시판데Sudhanva Deshpande)이 이 책을 시작하게 했다. 우리가 펴낸 첫 책에는 그룹의 중심 멤버 프레드릭 페테르슨Fredrik Petersson, 마가렛 스티븐스Margaret Stevens, 린 춘Lin Chun 등과 같은 핵심 학자들이 쓴 10월 혁명의 유산에 관한 글이 실렸다. 아흐마드Ahmad, 앤드류 히사오Anrew Hisao, 브린다 카라트Brinda Karat, 코스마스 무수말리Cosmas Musumali, 지타 하리하란Githa Hariharan, 어빈 짐Irvin Jim, 조디 에반스Jodie Evans, 마르코 페르난데스Marco Fernandes, 나임 모하이멘Naeem Mohaiemen, P. 사이나트P. Sainath, 필라르 트로야Pilar Troya, 프라비르 푸르카야스타Prabir Purkayastha, 프라카시 카라트Prakash Karat, 콸란다르 메몬Qalandar Memon, 로빈 D. G. 켈리Robin D.G. Kelley, 로이 싱햄Roy Singham, 사라 그레부Sara Greavu, 수바시니 알리Subhashini Ali, 바시나 자가나트Vashna Jaganath, 자이데 안트림Zayde Antrim 등의 지도와 우정에 감사한다. 인도공산당(마르크스주의파)[Communist Party of India (Marxist)] 동지들의 이론적, 실천적 작업이 없었다면, 이 책은 가능하지 않았을 것이다. 그리고 잘리아 마야Zalia Maya, 로사 마야Rosa Maya, 소니 프라샤드Soni Prashad, 로시 사무엘Rosy Samuel 등에게도 감사한다. 그들은 콜카타에서 이 책을 쓰는 작업을 멋진 경험으로 바꿔 주었다.

이 책은 수많은 2차 자료를 토대로 썼지만, 인도국립문서고, 네루기념관, 영국도서관, 영국국립문서고, 러시아사회정치사 국가문서고, 미국의회도서관의 자료들도 참조했다. 또 레닌, 마르크스와 엥겔스, 마오쩌둥 등의 전집을 폭넓게 사용했다. 칠레에서 인도네시아까지 공산주의자들의 중요한 작업을 생산하는 문서 기록을 검토했던 많은 학자들에게도 감사한다(우리의 공산주의 역사그룹과 마르 파루키Mar Farooqui, 아니 무케리지Ani Mukherji, 바바라 앨런Barbara Allen, 치라시리 다스굽타Chirashree Dasgupta, 크리스티나 헤더튼Christina Heatherton, 존 리델John Riddell, 마리안느 캄프Marianne Kamp, 미쉘 패터슨Michelle Patterson, 라크샤다 잘릴

Rakhshanda Jalil, 렉스 모티머Rex Mortimer, 쇼산나 켈러Shoshana Keller, 시난 안툰Sinan Antoon, 윈스턴 제임스Winston James 등과 같은 사람들이 생각난다). 이 책은 인용과 출처를 포함했다면 무거운 책이 되었을 것이다. 이 책의 어떤 부분이건 참고문헌을 요청하면 이용할 수 있다(vijay@leftword.com). 원고를 꼼꼼하게 읽어 준 나지프 몰라Nazeef Mollah에게 감사한다.

모스크바 크렘린 궁 서재에서 〈프라우다〉를 읽고 있는 레닌.(1918년 10월 16일)

동양의 무덤

소비에트 지도자들이 예전에 차르가 썼던 집무실들을 차지했다. 이곳은 전제정의 건축물로 화려했지만, 이제는 이들의 사회주의적 열망의 흥분으로 붐볐다. 레닌은 나데즈다 크룹스카야Nadezhda Krupskaya*에게 평화로운 순간이 거의 없다고 말하곤 했다. 이런저런 사람들이 검토할 법령이나 대처해야 할 위기 상황을 들고 들이닥치곤 했다. 1920년 6월에 일본인 기자 2명, K. 후사와 M. 나카히라가 신생 소비에트 사회주의공화국 연방의 아시아 지역을 가로지르는 긴 여행 끝에 모스크바에 도착했다. 그들은 모스크바에서 잠시 기다렸다가 레닌과의 면담을 허락받았다. 나카히라는 〈오사카 아사히〉大阪朝日의 일본인 독자들을 위한 특파원 보도에서 그 인터뷰를 기억했다. 그는 '크렘린의 집무실에서 레닌 씨를 면담했다.'고 썼다. '내 예상과 달리, 사무실의 장식은 아주 단순했다. 레닌 씨의 태도는 매우 간결하고 친절했다. 마치 오랜 친구와 인사를 나누는 것 같았다. 최고 권력을 유지하고 있음이 사실인데도, 그는 전혀 생색을 내지 않는 태도를 보였다.'

---

* 나데즈다 크룹스카야(1869~1939): 러시아 볼셰비키 혁명가, 레닌의 부인, 소련 교육부 차관(1929~39). 저서로《레닌을 회상하며》가 있다.

레닌은 일본에 대해 관심이 있었고, 나카히라에게 일본의 역사와 사회에 관한 날카로운 질문을 던졌다. '일본에는 강력한 지주 계급이 있는가? 일본의 농민은 토지를 자유롭게 소유하는가? 일본 인민은 자기 나라에서 생산한 식량으로 먹고사는가, 아니면 외국에서 많은 식량을 수입하는가?' 레닌은 나카히라에게 자신이 책에서 읽었던 것처럼 일본 부모들이 자식을 때리는지 물었다. '사실인지 아닌지 말해 보세요. 이건 아주 흥미로운 주제입니다.'라고 레닌이 말했다. 나카히라는 레닌에게 예외는 있겠지만, 대체로 '일본 부모들이 자식을 때리지 않는다.'고 대답했다. 1920년 6월 6일 자 기사에 나카히라는 이렇게 썼다. '내 대답을 듣자, 그는 만족감을 표했고, 소비에트 정부의 정책은 이런 상태를 폐지하는 것이라고 말했다.' 소비에트는 1917년 체형 처벌을 금지했다. 1924년 10월 31일 소비에트 연방 형법은 더 나아가 특히 어린이에 대해 '육체적 고통, 굴욕, 모욕을 가할' 목적으로 체벌을 해서는 안 된다는 규정을 도입했다.

다른 외국 기자들도 레닌이 박식하고 정직하다고 생각했다. 레닌은 아무것도 숨기지 않는 것 같았다. 신생 소비에트 연방에는 많은 문제가 있었다. 제국주의 국가의 백군이 국경 지역을 휘젓고 다녔고, 기아와 모욕이라는 오래된 문제는 쉽게 극복할 수 없었다. 새 체제에 대한 조급함이 만연했다. 예상된 일이었다. 그러나 높은 기대는 커다란 실망을 낳는 법이다. 그래서 레닌은 그 전에 자신을 만나러 온 미국, 영국, 프랑스 기자들에게 이렇게 말했다. 〈맨체스터 가디언〉Manchester Guardian의 구드W.T. Goode 기자는 레닌이 '말할 때 유쾌한 표정을 짓는다'는 것을 발견했고, '정말로 그의 태도는 명확하게 말해 좋은 인상을 준다고 묘사할 수 있다.'고 썼다. 레닌이 일했던 사무실 전체는 '모든 것에 대해 열심히 일하는 분위기'로 넘쳤다.

레닌은 사회혁명을 시도한 독일인들의 1918~19년 봉기가 실패한 것을 안타까워했다. 10월에 100만 독일 노동자들이 파업에 들어가 독일식 소비에트인 평의회Räte를 결성했다. 빌헬름스하벤의 독일 해군 주력 함대의 수병들이 출항을 거부했다. 그들의 폭동은 독일 제국의 군주제의 핵심을 위협했다. 그들의 슬로건은 소비에트의 메아리처럼 평화와 빵Frieden und Brot이었다. 이렇게 혁명이 전개되면서, 독일의 소공국 군주들이 폐위당했고, 마침내 황제까지 폐위당했다. 사회민주당은 공화국을 선포했지만, 기만과 폭력으로 혁명을 중단시켰다. 1918년 말 독일공산당의 결성은 혁명의 빠르기와 독일 사민당의 배신의 결과였다. 1919년 1월 대중 시위에 수십만 명이 베를린으로 집결했고, 그들은 혁명 정부 선포를 원했다. 독일의 병사들은 러시아의 병사들과 달리 대중들의 편으로 넘어오지 않았다. 그들은 프리드리히 에버트Friedrich Ebert의 사민당 정부에 충성했다. 공산당의 지도자 로자 룩셈부르크와 카를 리프크네히트는 열흘 뒤 살해당했다. 혁명은 실패했다.

1월 19일 자 〈프라우다〉에 실린 유럽과 아메리카 노동자들에게 보내는 편지에서, 레닌은 소비에트 연방이 '세계 사회주의 혁명의 군대가 우리를 도우러 오지 않는 한, 포위된 요새'라고 썼다. 이 부분에서 레닌의 글은 강력하다. 레닌은 사회민주당에 의한 '카를 리프크네히트와 로자 룩셈부르크의 잔인하고 비열한 살해'를 규탄했다. '저 도살자들'은 적의 편으로 넘어갔다고 레닌은 썼다. 사회민주당이 민중의 대의를 철저히 배신하지 않았다면, 독일에서 혁명이 일어났을 것이다. 레닌은 나카히라와 후사에게 만약 다른 유럽 나라가 자본주의의 사슬을 부쉈다면, 소비에트 연방은 고립되지 않았을 것이라고 회고했다.

불가피하게 후사는 레닌에게 '공산주의는 어디에서 성공할 가능성이 높은가? 서양인가 동양인가?'라고 물었다. 적어도 1911년 중국, 이란, 멕시코 혁명 이래로 레닌은 이 질문에 대해 깊이 생각했다. 그들은 전제 정부를 타도했지만 쑨얏센孫逸仙*, 마즈리스(Majlis, 이란 의회), 포르피리오 디아스Porfirio Díaz**의 취약한 공화국을 만들어 냈다. 이 봉기들은 레닌에게 영감을 줬고, 레닌은 1913년 〈후진적 유럽과 선진적 아시아〉라는 도발적인 제목의 논문을 썼다. 그런 반란의 에너지는 미국이나 영국(1916년 부활절 봉기*** 시의 아일랜드를 제외하고), 프랑스나 독일에서 존재하지 않았던 것 같다. 레닌은 유럽 마르크스주의의 오랜 확신을 되풀이하면서 '현재까지는, 진정한 공산주의는 오직 서양에서만 성공할 수 있다.'라고 나카히라에게 말했다. 그러나 레닌은 1911년 멕시코로부터 중국까지 일어난 봉기, 1916년 펴낸 제국주의에 관한 연구, 1914~18년의 세계대전에서 식민지 군대가 활용된

---

* 쑨얏센(1866~1925): 중화민국의 창건자, 신해혁명 주도.

** 포르피리오 디아스(1830~1915): 멕시코의 독재자, 1867~1911년 기간 동안 독재 통치를 했다.

*** 부활절 봉기(Easter Rising, 1916년 4월 24~29일): 아일랜드 공화파가 영국의 식민 지배에 맞서 일으킨 봉기, 봉기 실패 후 공화파 지도자 16명이 처형되었다.

것 등을 고려해 덧붙였다. '서양이 동양의 희생으로 살아간다는 점을 기억해야 한다. 유럽 제국주의 열강은 주로 동양 식민지를 희생시켜서 부유해졌지만, 동시에 식민지를 무장시켜 싸움을 가르쳤고, 그렇게 함으로써 서양은 동양에서 자신의 무덤을 파고 있다.'

페트로그라드의 볼셰비키.(1917)
3월과 11월 사이에 볼셰비키에 대한 지지가 기하급수적으로 늘어났다.

붉은 10월

러시아 혁명은 역사라는 직물을 찢어 놓았다. 결코 일어나서는 안 될 일이 현실이 되었다. 국가의 동력을 노동계급과 농민이 통제하는 노동자 국가가 탄생한 것이다. 차르를 타도하고 부르주아지의 지배를 개시하는 것으로는 충분치 않았다. 너무나 많은 희생을 치른 민중은 봉기에 돌입했고, 차르의 지배에 맞선 1917년 2월 봉기가 일어났다. 부르주아 혁명으로는 불충분했다. 부르주아 혁명은 슬로건에서도 분명하게 드러난 노동자와 농민들의 거대한 꿈을 질식시켰다. 과연 부르주아지에게 전쟁을 중단하고 토지를 민중에게 넘겨줄 의사가 있을까? 부르주아 국가가 민중의 절박한 필요를 의제 전면에 제시할 의사가 있을까? 그럴 가능성은 없었다. 이것이 바로 그해 10~11월 동안 두 번째 혁명이 일어난 이유이다. 소비에트가 권력을 장악했다. 소비에트는 전 세계의 저주 받은 자들에게 혁명이 가능함을 선포했다. 한 국가가 노동 민중에 의해 통치될 수 있음을 선포한 것이다.

훨씬 더 훌륭한 점은 단지 소비에트 사회주의공화국 연방 민중의 민족적 이익을 내세우기 위해 신생 소비에트 연방이 건설된 것이 아니라는 점이다. 레닌은 1918년 5월 공산당 중앙위원회에서 “우리는 사회주의의 이해, 세계 사회주의의 이해가 민족의 이해, 국가의 이해보다 고귀하다고 주장한다.”고 말했다. 이런 태도를 견지한 러시아 공산주의자들은 공산주의 인터내셔널(1919~43)을 건설했다. 코민테른이라 불리는 이 인터내셔널은 전 세계적으로 혁명 세력을 지원·지도하고, 그들을 서로 연결시켜 그들의 불만과 요구를 증폭시키는 책임을 맡았다. 10월 혁명은 차르의 지배를 받는 민중들이 이룩한 작품이었지만, 그들이 한 약속은 전 지구적인 것이었다.

인류 역사에서 노동자들이 권력을 장악한 사례는 거의 없다. 왕과 여왕은 통치권을 자신만의 신성한 권리라고 봤다. 1789년 프랑스 혁명은 이러한 기대에서 벗어났다. 보통 폭도라고 불렸던 보통 사람들은 기아와 전쟁에서 벗어나 통치할 권리를 요구했다. ‘자유, 평등, 우애’가 그들의 전투 구호였다. 1917년 러시아 혁명처럼, 프랑스 혁명의 사이렌은 아주 멀리서도 들렸다. 이스파뇰라Hispaniola 섬에서 노예로 태어난 투생 루베르튀르Toussaint L’Ouverture*가 프랑스 농장주들에게 맞서 노예 반란을 이끌었다. 이것은 국가를 형성하는 데 성공한 최초의 노예 반란이었다. 18세기 후반의 프랑스와 아이티에서 일어난 반란들과 1917년 러시아 혁명을 사이를 잇는 직접적인 연결선이 있다. 프랑스와 아이티는 1917년의 선구자였다. 이 반란들은 지배자들을 둘러싼 신성한 마법을 풀어 버렸다. 이제 보통 사람들도 통치할 수 있게 되었다. 이것이 바로 프랑스 혁명과 아이티 혁명이 가

* 투생 루베르튀르(1743~1803): 흑인 노예 출신 혁명가, 아이티 혁명(1791~1804)의 지도자.

르쳐준 것이었다.

그러나 18세기의 반란은 초기 형태의 자본주의에 대항해서 일어난 것이다. 그 당시는 사유재산이 자본으로 형성되는 중이었고, 상인들이 미성숙한 형태의 산업을 지배했다. 반란 이후 수십 년에 걸쳐, 식민주의와 노예제, 무역의 이익이 산업자본가들과 일부 예전 귀족들에게 넘어갔다. 이들은 무역과 식민지에서 거둬들인 이윤을 이용해 재화와 서비스의 생산방식을 변화시켰다. 최상의 과학과 기술을 이용하며, 또 농업으로부터 분리된 노동자들을 고용한 산업자본가들은 공장제 생산을 구축해 더 많은 부와 권력을 축적했다. 산업자본가와 상인들, 합쳐서 부르주아지는 경제만이 아니라 정치까지 통제했다. 보통 사람들이 프랑스와 아이티 혁명에서 이룩한 것은 군주제 타도였지만, 그들은 자신의 이미지대로 역사를 형성시킬 수 없었다. 프랑스의 혁명은 부르주아지에게 넘어갔다. 아이티도 1959년 이후의 쿠바처럼 미국의 악랄한 금수조치embargo에 직면했다. 미국 정부는 흑인 공화국이 미국 노예제의 본질을 위협할까봐 걱정했다. 바로 그 이유로 1806년 2월 28일 미국 대통령 토머스 제퍼슨은 아이티와의 모든 무역을 금지했다. 이것은 자유로운 흑인 공화국을 억압하기 위한 조치였다. 그로부터 100년 뒤 미국이 쿠바를 봉쇄했던 의도 역시 10월 혁명에 영감을 받은 서반구 최초의 사회주의 공화국을 타도하려는 것이었다.

경쟁적 자본주의는 기술과 생산을 급속하게 발전시켰다. 막대한 양의 재화가 생산됐지만, 부르주아지는 노동자들이 더 적게 벌고 더 많이 일하도록 엄청난 압박을 가했다. 아주 빠르게

과잉생산(너무 많은 재화의 생산)과 과소소비(너무 적은 재화의 구매)의 문제가 등장했다. 노동자들은 수많은 재화를 만들기 위해 노동했지만, 너무 적게 벌어서 자신이 만든 재화를 다시 살 수 없었다. 연이은 공황으로 시스템이 붕괴했다. 카를 마르크스의 《자본》(1867)은 공황의 경제적 성격을 상세하게 평가했다. 마르크스는 자본주의가 악마처럼 생산적이면서 위험하게 불안정하다고 이해했다. 자본주의는 거대한 문명을 생산하는 노동자들을 궁핍화시키지만, 이 궁핍화를 통해 자신의 생존 능력까지 약화시켰다. 이 공황의 해결책은 각국 군사력의 확대와 식민주의와 시장을 위한 전쟁이었다. 노동자들의 굶주림은 부르주아지의 축제에 거울처럼 반영되어 있었다. 이런 상황에서 프랑스와 아이티 혁명의 후계자들이 등장했다. 산업 지대의 노동자 운동과 식민지의 반식민 농민-노동자 운동이 그것이다. 이 쌍둥이 운동은 나중에 국제 공산주의의 핵심을 형성하게 된다.

국제 공산주의의 시계를 더욱 빠르게 작동시킨 것은 바로 1914~18년에 벌어진 거대한 전쟁이었다. 1915년 스위스 치머발트에서 열린 작은 모임에서 사회주의자들은 1차 세계대전에 관한 독특한 마르크스주의적 해석을 제시했다. 레닌, 알렉산드라 콜론타이Alexandra Kollontai*, 카를 라덱Karl Radek** 등이 작성한 〈치

---

* 알렉산드라 콜론타이(1872~1952): 러시아 볼셰비키 혁명가, 혁명 후 제노트델(Zhenotdel, 여성부) 창설, 대표적인 여성운동가.

** 카를 라덱(1885~1939): 러시아 혁명가, 독일과 폴란드 사회민주당에서 활동했으며, 혁명 후 코민테른에서 활동했다. 1930년대 대숙청으로 노동수용소에서 사망했다.

머발트 선언〉Zimmerwald Manifesto*은 이렇게 적고 있다. '전쟁 발발의 직접적 책임에 관한 진실과 무관하게, 한 가지는 분명하다. **이 혼란을 만들어 낸 전쟁은 제국주의의 결과이며**, 각 민족의 자본가 계급들 일부가 인간 노동과 전 지구상의 천연자원 착취를 통해 이윤의 탐욕을 추구하려고 시도한 결과이다.' 이 전쟁은 민중의 전쟁이 아니라, 민중에 맞선 전쟁이었다. 치머발트 좌파는 노동계급이 전쟁에 저항하고, 자신의 지배자들에 도전해 자신의 이미지대로 사회를 창조할 것을 촉구했다.

전쟁의 작열하는 모순은 제국주의 사슬의 가장 약한 고리인 차르 체제 러시아에서 심각한 위기를 촉발했다. 1917년 3월 8일 국제 여성노동자의 날 시위는 주요 도시의 노동자들이 전면적 반란에 나서도록 추동했다. 국제 여성노동자의 날 행진은 1907년 제1차 국제 사회주의 여성대회가 호소한 이후 지난 10년 동안 세계 사회주의 운동의 주요한 상징이었다. 1917년 페트로그라드 지구 연합위원회는 팜플렛을 통해 여성노동자들에게 파업에 들어갈 것을 호소했다. 그것은 감동적인 문서였고, 그 정수는 다음 인용문에서 찬란한 빛을 드러낸다.

> 여성노동자 동지들, 누구를 위해 이 전쟁을 하는가? 우리가 수백만 명의 오스트리아와 독일 노동자·농민들을 죽일 필요가 있는가? 독일 노동자들도 싸우길 원치 않는다. 우리의 친밀한 사람도 자발적으로 전선으로 가지 않는다. 그들은 강요 때문에 전선으로 간다.

---

* 1915년 5~8일 스위스 치머발트에서 열린 국제 사회주의자 회의에서 채택된 반전 선언.

오스트리아, 영국, 독일 노동자들은 원치 않음에도 전선으로 간다. 우리나라처럼 그들 나라에서도 눈물이 흐른다. 전쟁에서 이윤을 얻는 자본가들의 눈에서 빛나는 황금을 위해 전쟁이 벌어지고 있다. 장관, 공장 소유주, 은행가들은 험한 바다에서 물고기를 잡기를 희망한다. 그들은 전시에 부자가 되고 있다. 전쟁이 끝난 다음 그들은 군비 세금을 내지 않을 것이다. 노동자와 농민들이 모든 희생을 당할 것이고 모든 대가를 지불할 것이다.

친애하는 여성 동지들, 가끔씩 시시한 장사꾼들에게 들끓는 분노를 터트리면서, 아주 오랫동안 계속해서 이 상황을 조용히 받아들일 것인가? 정말로, 민중의 곤경에 책임이 있는 것은 그런 장사꾼들이 아니다. 그들은 스스로를 파괴했다. 책임은 정부에게 있다. 정부는 이 전쟁을 시작했지만, 끝내지 못하고 있다. 정부는 이 나라를 파괴했다. 우리가 굶주리는 것은 정부의 잘못 때문이다. 자본가들도 유죄이다. 그들의 이윤 때문에 전쟁이 벌어지고 있다. 이제 그들에게 외쳐야 할 때가 왔다.

이미 충분하다! 범죄적 정부와 도둑, 살인자 도당을 타도하자!

평화 만세!

위원회는 여성노동자들로부터 생기 넘치는 반응이 나올 것이라고는 기대하지 않았다. 여성노동자들은 수천 명씩 공장에서 나왔다. 남성노동자들과 천천히 농민들이 여성노동자들에게 가세했다. 이에 민중 계급 출신인 병사들도 가세했다. 그들은 이 전쟁이 자신의 전쟁이 아니라고 판단했다. 그들의 진정한 전쟁은 귀족과 권위주의 국가에 맞서는 전쟁이었다. 그들은 직접 대치해야 했다. 국제 여성노동자의 날 이틀 뒤, 상트페테르부르크의 노동자 5만 명이 파업에 들어갔다. 그때까지 러시아에서 열린 가장 강력한 노동자 권력의 시위였다. 차르 체제는 3월 16일 붕괴했다. 국제 여성노동자의 날 시위 이후 일주일만이었다.

노동자들도 통치할 수 있다는 자신감을 만들어야 했다. 상황은 천천히 변했다. 권력을 장악한 첫 정부는 귀족 게오르기 예브게네비치 르보프Georgy Yevgenyevich Lvov 공*이 이끌었고, 다음으로 자유주의적 변호사 알렉산드르 케렌스키Alexander Kerensky**가 뒤를 이었다. 노동자들은 집으로 돌아가지 않았다. 혁명의 에너지는 아주 격렬했다. 임시정부가 여성 평등권에 대해 주저하는 것처럼 보이자, 볼셰비키 지도자 알렉산드라 콜론타이는 〈프라우다〉에 이렇게 썼다. '우리 여성들이 가장 먼저 거리에 나서지 않았는가? 왜 지금 영웅적인 남녀 프롤레타리아트, 병사들과 그들의 부인이 쟁취한 자유를, 해방된 러시아 인구의 절반을 무시하는가?' 폴릭세나 쉬쉬키나-라베인Poliksena Shishkina-Lavein이 이끄는 여성평등권동맹League for Women's Equal Rights***과 다른 정당들은 3월 19일 평등권을 요구하는 대규모 시위를 벌였고, 그들은 오직 단호한 투쟁을 통해 평등권을 쟁취했다. 이 에너지에 자극을 받은 모든 정당의 노동자들은 소비에트, 즉 평의회를 결성했고, 그 결과 '이중권력'이 형성됐다. 노동자들이 민중의 주

* 게오르기 예브게네비치 르보프(1865~1925): 러시아의 귀족 정치인, 1917년 2월 혁명으로 구성된 임시정부의 첫 총리. (1917년 3~7월)

** 알렉산드르 케렌스키(1881~1970): 변호사이자 사회주의혁명당(SR) 정치인, 르보프의 후임으로 임시정부 마지막 총리였다. (1917년 7~11월)

*** 1907년 설립된 여성 단체, 2월 혁명의 촉매가 된 대중 행진을 주도했다.

장으로 정당성을 갖춘 그들 자신의 기관을 창출했던 것이다. 레닌은 이 새로운 상황을 노동자들이 만들어 낸 것이라고 이해했다. 이중권력은 노동자들의 혁신이었다. 1917년 4월 레닌은 이렇게 썼다. '우리 혁명의 가장 주목할 만한 특징은 혁명이 **이중권력**을 발생시켰다는 점이다. 우리는 예를 들어 볼셰비즘의 공식처럼 낡은 공식을 보완하고 수정하는 법을 배워야 한다. 왜냐면 그것들은 대체로 올바른 것이지만, 그 구체적 실현은 다른 것으로 **밝혀졌기** 때문이다. 과거에는 **아무도** 이중권력에 대해 생각해내지 못했고 또는 생각해낼 수도 없었을 것이다.'

'이중권력'이란 무엇이었는가? 노동자들은 단지 임시정부, 나중에 케렌스키와 부르주아지가 운영하는 정부의 지배를 받아들일 수 없었다. 임시정부와 나란히, 자신의 더 깊은 열망을 충족시키기 위해 노동자들은 그들 자신의 정부, 노동자·병사 대표 소비에트를 창조했다. 이것은 노동계급과 농민의 의회였다. 상인과 산업자본가, 그들에게 봉사하는 계급들의 의회가 아니었다. 레닌은 1871년 파리코뮌을 새로운 형태의 정부인 소비에트의 직계 조상으로 이해했다. 레닌이 알지 못했던 것은 이런 정부 형태의 또 다른 조상도 있었다는 것이다. 예를 들어 브라질에서는 노예 봉기로 킬롱부(quilombo, 브라질 흑인 탈출 노예 공동체)가 만들어졌다. 이런 것은 역사에서 재산의 주인들의 위계제hierarchies에 맞서 자신들의 민주적인 지배 형태를 창조한 사례였다.

더욱 중요한 것은 노동자들이 레닌을 그들의 지식인으로 받아들였다는 점이다. 레닌은 공장과 거리에서 일어나는 상황에 세심하게 귀를 기울였고, 볼셰비키들이 노동자들의 분위기에

다가가도록 지도했다. 1890년 이래 레닌은 볼셰비키 선동가들과 직접 접촉했다. 세실리아 보브로프스카야, 콘코르디아 니콜라예브나 그로모바-사모일로바, 이반 바부쉬킨 등과 같은 평당원들은 레닌에게 당 사업의 한계를 보여 줬고, 정치를 풍부하게 하기 위해 어떤 종류의 길을 탐색해야 할지도 보여 줬다. 이런 상호작용으로 레닌은 볼셰비키 이론을 생산하는 데 필요한 자료를 얻었고, 그들은 1917년 2월부터 10월까지 급변하는 상황에 대처할 수 있도록 볼셰비키들을 이론적으로 무장시켰다.

자본주의가 러시아 농업에 침투한 것에 관한 레닌의 연구(《러시아에서 자본주의의 발전》, 1899)는 농민층 사이에서 계급이 분해되고 있음을 보여 줬고, 이는 농업 민중주의자*들이 충분히 이해하지 못한 부분이었다. 레닌은 농민의 18퍼센트가 가난하고, 무토지 농민의 처지가 산업 프롤레타리아트와 비슷하다는 것을 발견했다. 러시아 인구 가운데 막대한 다수를 차지하는 농민층 가운데 이 부문의 존재는 그들이 산업 프롤레타리아트, 즉 노동계급의 정치적 동맹자가 될 것임을 암시했다. 여기에서 노동자·농민 동맹의 이론적 토대가 나왔다. 노농 동맹은 볼셰비키 당의 중추적 정치를 구성하게 된다. 레닌은 이런 정보를 계속 업데이트했다. 1908년에 나온 《19세기 말 러시아의 농업 문제》라는 긴 팜플렛이 그 예이다. 이 저작은 검열 때문에 1918년까지 출판되지 못했다.

레닌의 주요한 정치 저작 2개, 《무엇을 할 것인가》(1902)와

* 농민 공동체에 기반해 사회주의로의 이행을 주장하는 러시아의 나로드니키 Narodniki.

《일보전진, 이보후퇴(우리 당의 위기)》(1904)는 볼셰비키들에게 두 가지 교훈을 제시했다. 첫째, 계급 동맹과 함께 노동계급과 농업 프롤레타리아트의 규율 있는 당을 건설할 필요가 있다는 것. 그러한 당은 민중 사이에서 간부들을 훈련시키고, 그들의 자신감을 키워 불가피한 소요가 자연 발생적으로 발발하는 것에 대비하게 한다. 민중들이 항의에 나설 때, 운동이 국가 기구나 자신감 상실로 인해 압도당하지 않도록 하기 위해 당의 경험과 정치적 명확성이 필요하다. 둘째, 사회민주당에서는 자신의 타협적 목적을 위해 노동자와 농민들의 에너지를 흡수할 준비가 되어 있다. 사회민주주의자들이 민중의 언어로 말하는 것은 필요하겠지만, 그들은 노동자와 농민의 계급적 본능과 계급적 위치에 기반하고 있지 않다. 따라서 그들은 거만하게 노동자와 농민들을 배신할 것이다. 노동자와 농민의 당은 그들의 자연발생적 봉기에 대비해야 했다. 1896년 상트페테르부르크의 여러 공장에서 자연 발생적 파업이 일어났을 때, 레닌은 '혁명가들이 **이론**과 활동에서 이 봉기의 **뒤꽁무니를 따라갔고**, 전체 운동을 **지도할** 수 있는 항상적이고 지속적인 조직을 수립하는 데 실패했다.'고 썼다. 이런 지체는 교정되어야 했다. 볼셰비키 당은 '새로운 유형'의 당이 되어야 했다. 규율 있고, 집중화되고, 자본주의와 제국주의, 사회의 강력한 이론으로 무장된 조직이어야 했다. 레닌은 겉으로 보기에 환상적이지만 과감하게, '우리에게 혁명가들의 조직을 달라, 그러면 러시아를 전복시킬 것이다.'라고 썼다.

레닌의 핵심 저작은 1916년 나온《제국주의: 자본주의의 최고 단계》이다. 여기에서 레닌은 세계 제국주의 체제에서 차르 국가의 위치를 규정했다. 차르 체제 영토 외부로부터 뻗친 독점자본주의의 촉수는 국가를 질식시켰다. 노동자 정부가 권력을 잡더라도, 제국주의의 표현인 독점자본주의의 촉수에 맞서지 못한다면, 노동자 정부는 대안적 의제를 실행하지 못할 것이다. 물론 차르의 타도가 필요하지만, 그것만으로는 충분하지 않을 것이다. 2월 혁명은 차르를 타도했지만, 동요하던 케렌스키 정부는 제국주의 세력에게 양보를 제시하기 시작했다. 이것은 케렌스키 정부가 혁명 과정의 정수를 질식시키고 있다는 것을 의미했다. 1917년의 혼란스런 긴 여름 동안 볼셰비키 앞에 놓인 선택은 혁명이 파괴되는 것을 지켜보거나, 제국주의에 맞설 의사가 없는 러시아 부르주아지로부터 혁명을 지키는 것, 둘 중 하나였다. 4월에 레닌은 소수에 의한 권력 장악이 핵심이 아니라고 썼다. 그것은 단지 인기 없는 쿠데타에 지나지 않기 때문이다. 레닌은 '우리는 마르크스주의자이며, 우리는 프티부르주아적 중독, 쇼비니즘-방어주의, 말장난, 부르주아지에 대한 의존 등에 맞서 프롤레타리아 계급투쟁을 지지한다.'라고 썼다. 마르크스주의자들의 목적은 노동자들의 실제 경험을 견인해 노동자와 농민 권력을 사회의 권력으로 만들 의제를 추진하는 것이다. 이를 위해 2월 혁명은 소수파 권력, 즉 제국주의에 봉사하는 부르주아지에 의한 권력 장악으로부터 혁명을 구해내야 했다.

1917년 4월 7일, 〈프라우다〉에 레닌의 〈4월 테제〉가 게재되었다. 이 10대 요구는 파업, 폭동, 시위를 통해 차르를 권좌에서 끌어내린 대중들의 감정을 사로잡았다. 〈4월 테제〉가 제시한 이론은 대중들을 볼셰비키 당으로 끌어들였다. 4월 당시 당원 1만

명에 불과했던 볼셰비키는 10월에 50만의 당으로 성장했다.

이 테제의 내용은 무엇이었는가? 다음과 같이 요약할 수 있다.

- 1차 세계대전은 제국주의 전쟁이다.
- 혁명은 여전히 작동 중이며, 권력은 부르주아에게서 노동자와 농민에게 이전될 것이다.
- 자본가 정부인 임시정부를 지지해서는 안 된다.
- 소비에트에서 소수파인 볼셰비키는 다른 정당이 오류를 범했고, '국가 권력 전체'를 소비에트로 이전해야 할 때가 왔다고 참을성 있게 체계적으로 설명해야 한다.
- 새로운 질서는 의회가 아니라 '노동자, 농업 노동자, 농민 대표 소비에트 공화국'에 기반해야 하며, 경찰, 군대, 관료제는 폐지해야 한다.
- 모든 재산은 몰수하고 모든 토지는 국유화해야 한다.
- 모든 은행은 소비에트가 통제하는 단일한 은행으로 통합되어야 한다.
- 모든 생산물의 사회적 생산과 분배는 소비에트의 통제 아래 두어야 한다.
- 당은 당대회를 열어 강령을 수정한다.
- 새로운 인터내셔널을 건설한다.

10개 항은 명확하고 정확했다. 권력은 지배 계급에서 새로운 계급, 인류의 다수인 노동계급과 농민에게로 이동해야 한다.

1917년 9월 무렵 노동 민중 사이에서 권력을 장악하려는 조급함이 나타났다. 그달 초 소비에트에서 노동자와 농민들이 자신들의 정부를 요구하는 결의안을 연이어 통과시키자, 레닌은 '봉기는 예술이다.'라고 썼다. 2월 혁명을 구하기 위해 봉기를 일으킬 때가 됐다. 긴장감 넘치는《세계를 뒤흔든 10일》에서 존 리드는 노동계급과 농민의 에너지를 이렇게 묘사했다. '강의, 논쟁, 연설-연극, 서커스, 학교, 병영 (…) 전선 참호, 마을 광장, 공장에서의 집회 (…) 푸틸로프 공장Putilovsky Zavod에서 4만 명이 쏟아져 나와 사회민주주의자들, 사회주의-혁명 당원들, 무정부주의자들 아무나 무엇을 말하건, 그들이 말하는 동안 모두가 연설에 귀를 기울이는 놀라운 장관이 펼쳐졌다!' 그러나 그들은 또 뭔가 구체적인 것, 소비에트 공화국 수립 같은 것을 원하는 것처럼 보였다. 바로 이 구체적 요구가 10월 혁명으로 이어졌다.

병사 대표 총회는 제2차 전全러시아 소비에트 총회에 이렇게 썼다. '조국은 인민 대중에 기반하고 인민 대중에 책임을 지는 확고한 민주주의적 권위를 필요로 한다. 우리는 말과 정치적 수사, 의회의 교묘한 속임수를 이미 충분히 봤다.' 그들은 제2의 혁명을 요구했다. 1917년 10월 볼셰비키 당에 가입한 페트로그라드의 여성노동자들은 회의를 개최했다. 회의실에는 콘코르디아 '나타샤' 사모일로바, 아비아스 공장의 에밀랴 솔닌, 니트카 공장의 방적공 바시나, 바실리 섬 파이프 공장의 비노그라도바 등이 모였다. 이들은 힘들게 일하는 여성들이었다. 또한 공장 노동자이자 전투적 혁명가들이었다. 그들은 케렌스키 정부를 타도하기를 원했다. 그들은 스몰니에서 머물면서 일하는 레닌을 만나러 행진했다. 그들은 레닌에게 이렇게 말했다. '권력을 잡으시오, 레닌 동지. 이것이 우리 여성노동자들이 원하는 바요.' 레닌이 대답했다. '권력을 잡아야 하는 것은 내가 아니라, 여러분, 노동자들이오. 여러분의 공장으로 돌아가 노동자들에게 그렇게 말하시오.' 그들은 바로 그대로 했다.

10월 볼셰비키가 추동한 두 번째 러시아 혁명이 일어났다. 이것은 소비에트에 의한 권력 장악이었다. 소비에트는 부르주아 의회를 해산시키고 자신을 사회의 통치자로 임명했다. 레닌은 페트로그라드 소비에트로 가서 권력 장악을 축하했다. 레닌은 노동자 동지들에게 이 혁명의 중요성이 무엇이냐고 물었다. '혁명의 중요성은 무엇보다도 우리가 소비에트 정부, 우리 자신의 권력 기관을 갖게 됐다는 점이다. 여기에서 부르주아지는 아무런 지분이 없다. 피억압 대중들은 스스로 권력을 창출할 것이다. 낡은 국가 기구는 그 근본부터 분쇄될 것이며, 새로운 행정 기구는 소비에트 조직의 형태로 세워질 것이다.'

여기에서 레닌은 자신의 저작 《국가와 혁명》에서 주장했던 바를 소비에트 연설에 포함시켰다. 1917년 8~9월에 썼던 이 저작은 그 다음 해에 출판됐다. 레닌은 1871년 파리코뮌에 관한 마르크스의 설명과 사회주의 사회의 국가에 관한 엥겔스의 저작을 면밀하게 읽었다. 엥겔스는 국가는 분쇄sprengung되어야 하고, 프롤레타리아트는 낡은 형태를 물려받아서는 안 된다고 주장했다. 낡은 국가의 기구와 관행에 뿌리박은 낡은 국가의 관습은 프롤레타리아트에게 부르주아 지배의 관습을 끌어들이는 질병과 같이 작동할 것이다. 국가는 '분쇄', '파괴'되어야 하고, 어떻게든 프롤레타리아트와 농민의 계급적 목적에 일치하는 기관으로 변혁되어야 한다. 과도적 시기에는 국가 기관들이 필요했지만, 이를 변혁 없이 그대로 채택할 수는 없었다. 《국가와 혁명》에서 레닌은 '프롤레타리아트는 단순히 낡은 국가 기구를 새로운 손으로 넘긴다는 의미로 국가 기구를 장악할 수 없다.'라고 썼다. 혁명은 '이 기구를 분쇄하고, 파괴한 다음 그것을 새로운 기구로 대체해야 한다.'

레닌 사망 이후 블라디미르 마야코프스키*는 자신의 시에서 이렇게 노래했다. '우리는 승리했지만, 우리의 배에는 사방에 패인 곳과 구멍이 넘치고, 선체는 산산조각 났고, 엔진은 거의 멈춰 가고, 바닥과 천장, 벽에 대한 검사 시기도 이미 지난지 오래인 상태다. 오라, 망치와 못, 고치고 수리하라!'

* 러시아의 시인, 혁명적 미래파 운동 주도, 내전 때 공산당을 지지했으며, 1930년에 자살했다.

우리는 무기로 우리의 적을 파괴했고, 우리는 노동으로 우리의 빵을 얻는다. 동지들, 소매를 걷어붙이고 일을 시작하자.(1920)
니콜라이 코구트Nikolai Kogout(1891~1959)가 제작한 포스터.

러시아의 길을 따르라!

1917~18년, 유럽의 식민지들에게로 소식들이 천천히 흘러들었다. 인도에서는 영국을 통해서 세계의 소식을 접하던 시기였다. 로이터와 같은 영국 통신사들은 런던에 있는 인도의 집India House*의 세계관을 가져왔다. 영국 제국주의자들이 알리고 싶은 것만 언론에 허용됐다. 독자가 수백 명에 불과한 작은 민족주의 언론은 대안적 관점을 제시하려고 노력했지만, 세계의 사건들에 관한 정보에 접근할 수 없었기에 고통을 겪었다. 점차 대부분이 농민인 러시아에서 민중이 세계에서 가장 강력한 전제정인 차르 제국을 타도했다는 소식이 도달했다. 손톱 밑에 때가 끼고 기계에 혹사당한 몸을 가진 남자와 여자들이 한데 뭉쳐 정권을 장악했다는 사실을 믿을 수가 없었다. 어떻게 이런 일이 가능하단 말인가?

1917년의 전조는 러시아인들이 차르에 맞선 최초의 대규모 대중 반란을 일으켰던 1905년부터 알려져 있었다. 남아프리카에 있던 간디는 커다란 존경심을 가지고 1905년 봉기를 지켜봤다. 간디는 〈청년 인도〉Young India에 러시아 민중이 인도인처럼 애국

* 인도 식민 통치 업무를 담당한 인도고위위원회(High Commission of India)의 사무소.

적이지만, 자신이 느끼기에 인도인과 달리 러시아인은 존엄을 위해 목숨을 희생할 각오가 되어 있다고 썼다. '러시아 노동자들과 다른 모든 종들이 총파업을 선언하고 모든 작업을 중단했다.'고 간디는 썼다. 노동자와 종들이 연장을 내려놓자, 차르는 일정한 양보를 해야 했다. '러시아의 차르조차 파업 노동자들을 총검으로 위협해 현장으로 돌아가게 할 힘이 없었다. (…) 가장 강력한 권력도 피지배자의 협력 없이는 통치할 수 없다.' 비협력의 교훈은 러시아에서 나온 것이다. 그것은 엘리트 정치도 아니었고, 심지어 단지 도시 지역의 정치도 아니었다. 간디가 이해하는 한에서 그것은 농민을 포함한 대중들의 정치였다.

차르가 두마*를 포함해 약간의 양보를 했지만, 1905년은 실패로 돌아갔다. 인도에서, 간디가 '러시아의 운동처럼' 건설했던 현대적 스와데시 운동**은 거의 완전히 질식당했다. 그러나 벵갈에 진원지를 둔 스와데시 운동은 영국의 폭력으로도 저지할 수 없었다. 이 운동은 영국의 지배에 대항한 더 깊고 더 폭넓은 투쟁으로 발전했고 몇 가지 전략을 지속했다(영국 제품 보이코트, 영국 제품을 파는 상점에서의 피켓팅, 영국 당국과의 직접 대치). 1908년 봄베이의 노동자들은 견딜 수 없는 노동 조건과 생활에 항의해 파업에 들어갔다. 차르 당국을 피해 핀란드로, 나중에 스위스로 도피 중이던 레닌은 1908년 8월 파업을 지켜보면서 이렇게 썼다.

---

* 두마дума: 1905년 혁명 이후 개혁 조치의 일환으로 1906년 5월 소집된 러시아의 의회. 권한이 제한된 자문 의회로, 1906년 7월 니콜라이 2세는 의원들의 개혁 요구를 거부하고 두마를 해산했다.

** 1906년 인도에서 반영 독립을 목표로 제창된 국산품 애용 운동. 스와데시는 힌디어로 '모국'이라는 뜻.

인도에서 '문명화된' 영국 자본가들의 토착 노예들은 최근에 주인들에게 불쾌함과 소란을 야기해왔다. 영국의 인도 행정이라는 것은 끝없는 폭력과 약탈이다. 세계 어느 곳에서도 대중들 사이에서 그렇게 심한 빈곤과 그런 만성적인 기아가 존재하는 곳은 없다. 자유로운 영국에서 가장 자유주의적인, 가장 급진적인 정치인도 인도의 지배자로 진짜 징기스칸들로 변신하고 있다. 그들은 심지어 정치적 반대파를 **태형에 처하는** 등 담당 주민들을 '진정시키는' 모든 조치를 재가할 수 있다. 영국인에 의한 오랜 인도 약탈, 현재 페르시아와 인도 민주주의에 대한 '선진적' 유럽인들의 투쟁이 수백만, 수천만의 아시아 프롤레타리아트를 **더욱 강하게** 할 것이고, 압제자에 맞선 동일한 종류의 승리하는 투쟁을 위해 그들을 더욱 강하게 할 것이라는 점에는 가장 사소한 의문도 없다. 계급의식으로 각성한 유럽의 노동자들은 이제 날마다 시간마다 숫자가 증가하는 아시아의 동지들을 갖게 되었다.

1913년 레닌이 썼던 것처럼, 유럽은 아시아에서 가장 '후진적' 방식으로 행동해 왔고, '반동적, 중세적 세력'과 동맹해 약탈과 이윤의 목적을 추구했다. 여기에서 후진성은 유럽이 대중들에 의한 민주주의 운동 세력 같은 미래의 세력이 아니라, 지주와 왕족 등 과거의 세력과 동맹을 맺었다는 것을 의미한다. 레닌은 유럽의 부르주아지가 '사멸하는 자본주의적 노예제를 유지하는' 데 집착하기 때문에 후진적이라고 썼다. 다른 한편, 인도에서 러시아까지, 중국에서 페르시아까지 아시아는 선진적이다. 레닌은 이렇게 썼다. '아시아의 모든 곳에서 강력한 민주주의 운동이 성장·확대해 힘을 얻고 있다. 아시아의 부르주아지는 **아직까지는** 반동에 맞서 민중의 편에 서고 있다. 수억 명의 민중들이 삶과 빛, 자유를 향해 깨어나고 있다. 이 세계적 운동을 기쁘게 하는 것은 그 중심에 선 계급의식적 노동자들의 각성이다. 그들은 집단주의의 길을 통해 민주주의로 나아가고 있음을 알고 있다! 젊은 아시아에 대한 동조는 모든 정직한 민주주의자들을 감화시키고 있다!'

레닌이 서구의 '계급의식적' 노동자들이 아일랜드에서 인도까지 투쟁을 지지했다고 말한 것은 올바른 판단이었다. 1913년 더블린 직장폐쇄 기간에 영국의 전투적 노동조합원들은 1911~14년 파업을 거치면서 아일랜드 투쟁을 지지했다. 2만 명의 노동자들이 제임스 라킨James Larkin*의 연설을 들으러 맨체스터에 모였고, 영국 노동자들은 바다 건너편 아일랜드 동지들을 위해 모금했다. 그렇지만 영국 노동자들의 관료 조직인 노동조합회의TUC: Trade Union Congress는 파업 지지를 거부했다. 제임스 코널리James Connolly**는 이렇게 말했다. '우리는 더블린 자본가들의 고립을 요청했고, 그 대답으로 영국 노동운동의 지도자들은 조용히 나아가 더블린 노동계급을 고립시켰다.' 이것이 바로 레닌이 노동 관료들과 대립시켜 구체적으로 '계급의식적 노동자'에 관해 글을 썼을 때 지적했던 의미이다. 제국주의에 의해 질식된 유럽은 세계 혁명의 중심이 될 운명이 아니었다. '약한 고

* 제임스 라킨(1876~1947): 아일랜드 공화파, 사회주의자, 노동조합 지도자.

** 제임스 코널리(1868~1916): 아일랜드 공화파, 사회주의자. 부활절 봉기를 주도한 혐의로 처형당함.

리'를 발견해야 했고, 레닌과 볼셰비키는 차르의 러시아가 그것이라고 이해했다. 그러나 식민지에도 약점이 있다. 식민지에서 제국주의에 타격을 가할 혁명적 행동의 희망이 있기 때문이다. 이들이야 말로 '계급의식으로 각성한 유럽의 노동자들'에게 필요한 '아시아의 동지들'이다.

1917년은 성공했다. 농촌에서 겨우 한 걸음 벗어난 노동자와 병사를 포함한 차르 제국의 농민 군대를 저지할 수는 없었다. 러시아 농민(muzhiks, 무지크)이 할 수 있었다면, 아랍 농민(fellahin, 펠라)이 못하겠는가, 라틴아메리카 농민(campesinos, 캄페시노)이 못하겠는가, 인도 소농(kisans, 키산)이 못하겠는가, 조선 농민nongmin이 못하겠는가?

멕시코에서 혁명 지도자 에밀리오 사파타Emiliano Zapata*는 러시아의 이 혁명, 노동자·농민 혁명이 1911년의 멕시코 혁명과 연결되어 있다고 즉각적으로 인정했다. 멕시코 혁명은 대체로 사파타 자신과 같은 농민 지도자들이 이끈 농민 혁명이었다. 1918년 사파타는 이렇게 썼다. '우리는 많은 것을 얻었다. 만약 우리 아메리카와 구舊유럽의 모든 민족이 멕시코 혁명의 대의가 아직 미완성인 러시아의 대의처럼 인류의 대의, 피억압자의 최고 이익을 대변하고 있다는 것을 이해하면, 인류의 정의는 엄청나게 많은 것을 얻을 것이다.' 1919년 멕시코 혁명의 군사 지도자 가운데 한 명은 이런 연결을 분명하게 표현했다. '나는 사회주의가 무엇인지 모르지만, 모든 애국적 멕시코인처럼 나도 볼셰

* 에밀리아노 사파타(1879~1919): 멕시코 남부 모렐로스 주 출신으로 멕시코 혁명(1910~20)의 농민 지도자. 남부해방군을 이끌고 혁명에 참여했으며, 1919년 암살당했다.

비키이다. 양키는 볼셰비키를 좋아하지 않는다. 양키는 우리의 적이다. 그러므로 볼셰비키는 우리의 친구가 되어야 하고, 우리는 그들의 친구가 되어야 한다. 우리는 모두 볼셰비키다.' 중국의 쑨얏센도 동의했을 것이다. 1919년 7월 25일 그는 이렇게 썼다. '만약 중국 민중이 자유롭길 원한다면, 민족 자유를 위한 투쟁에서 유일한 동맹자이자 형제는 붉은 군대의 러시아 노동자와 농민들이다.' 중국의 자유주의적 작가 후스胡適*는 공포를 표현했다. '공자와 주자의 노예들이 수적으로 감소하는 지금, 마르크스와 크로포트킨의 노예들이 그 자리를 차지하고 있다.' 중국 무정부주의자들과 모든 종류의 혁명주의자들이 마르크스와 레닌을 읽기 시작했고, 1921년 중국공산당 결성 이후에 당의 궤도에 들어오기 시작했다.

1917년 12월 인도 언론인 K.P. 하딜카르는 러시아에서 일어난 사건에 대해 들었다. '11월에 페트로그라드의 권력이 레닌이 이끄는 사회주의자들의 손에 들어갔고, 그들은 독일과 독자적 강화를 원한다.'라고 그는 민족주의 성향의 주간지 〈치트라마야 자가트〉Chitramaya-Jagat에 썼다. 하딜카르는 어떻게 레닌의 당이 병사들의 지지를 확보했고, 어떻게 케렌스키 내각이 고립되었는지 지적했다. 그러나 당시 대영제국의 신민이었던 하딜카르는 이 입장으로부터 가장 중요한 점에 초점을 맞췄다. '레닌은 민족자결권의 선언하는 법령을 발효했고, 발트해 국가들과 폴란드 민중에게 이 권리를 행사할 자유가 주어졌다.' 식민지들에서 자결권

* 후스(1891~1962): 중국의 대표적 문인. 5.4 운동과 신문화운동 참여. 베이징 대학 총장을 역임했으며, 타이완에서 사망했다.

선언은 강력했다. 그것은 혁명을 정의했다.

혁명적 타밀 시인인 슈브라마니아 바라티Subramania Bharati*는 '신생 러시아'에 바치는 송시를 노래했다.

민중이 명령하는대로의 민중의 삶,
보통 사람의 삶을 고양하는 법률.
이제 노예의 구속은 없다.
이제 어떤 노예도 존재하지 않는다.

프랑스 제국의 깃발 아래 싸우던 몇몇 세네갈 병사들은 소비에트가 세계사에 진입한 소식을 듣고, 소비에트 붉은군대에 합류하기 위해 탈영했다. 소비에트의 시인 보리스 코르닐로프Boris Kornilov**는 시집 《나의 아프리카》Моя Африка에서 '아프리카 자본가와 부르주아지에게 타격을 가하기 위해' 보로네즈 근처에 있던 백군에게 맞서 적군을 이끌다가 사망한 한 세네갈 병사에 대해 노래했다. 10월 혁명의 소식이 아프리카 대륙에 도달하자, 남아프리카노동당의 이본 존스Ivon Jones***는 〈인터내셔널〉The International에 '우리는 러시아 혁명의 원칙으로 민중을 교육해야 한다.'고 썼다. 존스는 나중에서 남아공공산당(남아프리카공산당)Communist Party of South Africa의 창건자 가운데 한 명이 됐다. 1922년 코민테

---

* 슈브라마니아 바라티(1881~1921): 타밀족 시인이자 언론인. 인도 독립과 사회 개혁을 위한 활동을 펼쳤다.

** 보리스 코르닐로프(1907~38): 러시아의 시인, 대숙청 시기에 처형당함.

*** 이본 존스(1883~1924): 웨일즈 출신 사회주의자, 1909~20년 시기에 남아공에서 활동했으며, 2014년 소련에서 사망했다.

른 4차 대회에 참석했던 자메이카 시인 클로드 매키Claude McKay* 는 〈위기〉The Crisis 1923년 12월호에 〈소비에트 러시아와 흑인〉이라는 글을 썼다. 여기에서 매키는 소비에트 러시아가 아프리카계 민족들의 해방에 어떤 의미를 갖는지에 대해 썼다.

> 비록 서구 유럽이 세계 문제에서 흑인에 대해 아주 무지하고 냉담하다고 보고할 수 있겠지만 모든 국제 문제에 대해 그러하듯, 흑인에 대해 지적으로 사고하는 위대한 민족도 유럽에 있다. 1917년 러시아 노동자들이 악명 높은 정부를 전복했을 때, 새로운 총리 레닌이 취한 첫 번째 행동 가운데 하나는 전 세계의 모든 피억압 민족들에게 인사를 보내는 선언이었다. 레닌은 그들에게 공동의 국제적 압제자, 즉 사적 소유 자본주의에 대항해 조직하고 단결할 것을 호소했다. 나중에도 레닌은 모스크바에서 직접 미국 흑인 문제를 다뤘고, 제3인터내셔널 2차 대회에서 이 주제에 관해 연설했다. 레닌은 미국 언론인 존 리드와 협의했고, 남부의 흑인 사이에서 선전과 조직 사업의 긴급성을 다뤘다. 이 주제는 빠지지 않았다. 베테랑 혁명가인 일본의 카타야마 센片山潜**은 1921년 미국에서 러시아로 넘어갔을 때, 미국 흑인 문제를 전체 의제에서 최우선으로 삼았다. 그리고 그 이후로 그는 끊임없이 이타적으로 러시아의 소비에트 회의에서 피착취 미국 흑인의 대의를 제기했다.

---

* 클로드 매키(1889~1948): 자메이카계 시인, 1920년대 흑인 지식인 문화운동인 할렘 르네상스(Harlem Renaissance)의 핵심 인물.

** 카타야마 센(1859~1933): 일본의 대표적 공산주의자. 미국과 소련에서 활동했다.

코민테른 4차 대회(1922)에 참석한 클로드 매키.

매키는 코민테른 4차 대회에서 레닌의 의제를 지속했다. 그는 인종주의에 맞선 투쟁의 중요성만이 아니라 흑인 노동자와 농민을 조직할 필요성을 주장했다. 매키는 〈만약 우리가 죽어야 한다면〉If We Must Die이란 뛰어난 시에서 인류를 짐승처럼 다루려는 '굶주린 미친 개들'에게 둘러싸인 상황에 대해 썼다. 그러나 '벽으로 몰려 죽을' 상황은 이야기의 결말이 아니다. 끝은 간단하다. '맞서 싸우자!' 매키는 10월 혁명에서 영감을 받았다. 레닌이 모든 피억압 민족의 해방에 관한 요구를 제기하는 솔직한 방식에서, 그리고 그의 낙관주의를 규정하는 서구의 아프리카계 민중의 투쟁 정신에서 영감을 받았다.

10월 혁명이 없었다면, 유럽으로부터 식민지였던 곳의 민중들이 맞서서 일어났을까? 1919년 제국의 주인에 맞선 식민지의 봉기가 확산되었을까? 사드 자글룰 파샤Saad Zaghloul Pasha*가 이끈 이집트 봉기에서 조선의 3·1 운동, 중국의 5·4 운동까지, 그리고 다음 해 영국의 지배에 맞선 이라크의 반란, 그 다음 3년 후 전 세계에서 두 번째로 사회주의 국가를 창출한 1921년 몽골 혁명은 가능했을까? 소비에트 연방으로부터 계급적 요구가 없었다면, 1919년 인도국민회의Indian National Congress**는 결코 농민의 요구를 채택하지 않았을 것이다. 참파란 사티야그라하(Champaran Satyagraha, 1917), 케다 사티야그라하(Kheda Satyagraha, 1919)

---

* 사드 자글룰 파샤(1859~1927년): 이집트의 민족주의 혁명가. 체포와 망명을 거듭하며 대영 독립 투쟁과 1919년 봉기 주도. 1924년 이집트 총리가 되었다.

** 1885년 설립된 인도 민족주의 정당. 1920년 이후 간디의 지도 아래 독립 투쟁을 주도했다.

등과 더불어 간디가 인도 정치에 진입한 일이 로울라트 법Rowlatt Acts*과 1919년 잘리안왈라 바그 학살Jallianwallah Bagh massacre** 에 맞선 심각한 저항과 함께, 1919년 12월 인도국민회의가 암리스타르에 모였을 때 그들을 단련시킨 것은 확실히 사실이다. 그러나 국민회의 모임에서 대표자들은 동요했다. 영국 왕이 동정적인 것처럼 보이는 포고를 발표했기 때문이다. 젊은 자와할랄 네루Jawaharlal Nehru***를 포함한 국민회의의 급진파는 토지를 경작하는 농민들에게 토지소유권을 주고 농민들이 지대가 아니라 세금을 납부할 것을 주장했다. 네루는 《소비에트 러시아》Soviet Russia(1927)에서 당시를 회고하면서, '비록 간디의 영향 아래 있었지만, 우리는 다른 경로를 추구했고, 우리는 레닌의 모범에서 영향을 받았다.'고 썼다.

공산주의자이자 인도 진보작가협회 회원인 굴람 라바니 타반Ghulam Rabbani Taban은 대학 시절 네루의 《소비에트 러시아》와 러시아에서 보내는 라빈드라나트 타고르Rabindranath Tagore****의 편지를 읽었다고 회상했다. 그는 이 글들을 통해 "동화의 세계를 들여다 봤다."고 말했다. '1920년대가 저물어가는 시절, 아

* 1919년 영국 식민 정부가 독립운동을 탄압하려고 제정한 무정부 혁명 범죄법. 파괴 활동을 핑계로 영장 없이 무기한 구속을 할 수 있게 했다.

** 1919년 4월 13일 펀잡 지방의 잘리아왈라 바그에서 영국군이 평화적인 시위대에게 발포해 많은 사람들을 학살한 사건. 1000명이 사망하고 1500명이 부상당했다.

*** 자와할랄 네루(1889~1964): 인도 독립운동의 지도자, 독립 후 첫 총리. (1947~64)

**** 라빈드라나트 타고르(1861~1941): 인도의 대표적 시인. 1913년 비유럽인으로는 처음으로 노벨 문학상을 수상했다.

직 학교를 다니던 우리는 때로 식민지 검열관을 겨우 통과한 단편적인 러시아 소식을 들었다. 러시아 혁명과 그 성취의 소식은 우리를 전율케 했다. 나는 혁명에 대한 개념이 없었지만, 이 용어는 전국적으로 울려퍼지는 **혁명 만세!**라는 목청껏 외치는 구호 덕분에 익숙해졌다.' 타반은 레닌에 관한 모하메드 이크발Mohammed Iqbal*의 시를 들었고, 특히 '일어서라, 우리 세계의 가난한 자들을 깨워라'uttho meri dunya ke gharibon ko jaga do로 시작하는 〈신의 명령〉Farman-i-Khuda이란 강력한 시에 감명을 받았다. 시는 이렇게 이어진다.

Jis khet se dehqaan ko muyassir nahein rozi,
Uss khet ke har khosha-i-gandam ko jalla do.
농민들이 그날의 양식을 얻지 못하는 밭을 찾아내라,
그리고 그 밭에서 모든 밀알을 다 태워라.

여기에 혁명의 운율, 있는 그대로의 세계에 대한 분노, 반란의 불길이 국가를 **분쇄하고** 새로운 질서를 낳을 것이란 희망이 있다. 이것은 세상을 뒤흔들기를 갈망하는 소농민, 무토지 농민, 농촌 빈민의 목소리이다. 그런 다음 이크발의 시는 이렇게 끝난다. '동방의 시인에게 영감의 혼을 가르쳐라!'Adaab-i-junoon Shair- i-Mashriq ko sikha do '예술가는 빈민의 봉기로부터 어떤 새로운 언어를 배울 것인가!

* 모하마드 이크발(1877~1938): 인도의 시인, 파키스탄 분리 운동을 주도해 파키스탄의 정신적 아버지로 알려져 있다.

중국의 청년 마오쩌둥은 러시아 혁명을 간절하게 동경했을 것이다. 마오는 황제와 그의 통치를 타도한 1911년 봉기 이후에 운동에 참여했다. 공산주의자들이 권력을 가져온 긴 전쟁 이후인 1949년에 마오는 러시아에서 받은 영감을 회고했다. '중국의 많은 것이 10월 혁명 이전의 러시아와 같거나 비슷했다. 동일한 봉건적 억압이 존재했다. 유사한 경제적 문화적 후진성이 존재했다. 두 나라 모두 후진적이었다. 중국이 훨씬 더 그랬다. 두 나라 다 마찬가지로, 민족 갱생을 위해 진보 세력이 혁명적 진실을 추구하면서 어렵고 격렬한 투쟁을 벌였다. (…) 10월 혁명은 전 세계적으로 마찬가지지만, 중국의 진보 세력이 프롤레타리아 세계관을 민족의 운명을 연구하고 자신의 문제를 새롭게 고려하는 도구로 채택하는 데 도움을 줬다. 러시아의 길을 따르라—그것이 그들의 결론이었다.'

마누엘 마플레스 아르세의 도시Urbe 표지. 장 살로Jean Charlot 디자인.(1922)

러시아의 허파

멕시코의 시인 마누엘 마플레스 아르세Manuel Maples Arce*와 그의 동료 에스트리덴티스타스Estridentistas**는 유럽 모더니즘이나 고전 전통을 모방하려는 동료 작가들을 무시했다. 그들은 다른 곳을 바라봤다. 1911년 시작된 멕시코의 혁명적 전통의 중심부를 깊이 들여다봤고, 밖으로는 소비에트 연방을 바라봤다. 1924년 마플레스 아르세는 복잡하지만 장엄한 시 〈도시:볼셰비키 초시, 5편의 노래〉Urbe: Super-Poema Bolchevique en Cinco Cantos를 썼다. 여기에는 낡은 형식에 반대해 더듬거리는 듯하면서 새로운 개념, 새로운 작풍, 자신들이 생산하고자 하는 새로운 세계를 표현하는 새로운 방식을 찾아내려는 노력이 보인다.

Los pulmones de Rusia
soplan hacia nosotros
el viento de la revolución social.

---

* 마누엘 마플레스 아르세(1900~1981): 시인이자 문학평론가. 멕시코 아방가르드 운동의 지도자.

** 마누엘 마플레스가 주도한 아방가르드 운동. estrident는 귀에 거슬리는 소음을 의미한다.

러시아의 허파에서
우리를 향해
사회 혁명의 바람이 분다

'멕시코 노동자들'에게 바치는 이 시는 블라디미르 마야코프스키의 조급한 스타일을 메아리처럼 되풀이했다. 마야코프스키는 봉건적 문화에 물든 낡은 언어가 혁명의 시대에 적합하지 않다고 느꼈다. 낡은 러시아어는 봉건적 함의로 충만했고, 이는 체제의 위계가 굴종, 굽은 어깨, 풀죽은 머리로 가득 찬 육체를 만들어 내는 것과 같았다. 반면 새로운 러시아어는 새로운 태도를 가졌다. 크룹스카야는 한 모임에서 여성노동자와 농민들에게 들었던 '변화된 언어'에 대해 설명했다. 여성들이 '모든 것에 대해 과감하고 솔직하게 말했다.'고 그녀는 설명했다. 이제 어떻게 시인, 예술가, 배우, 디자이너처럼 과감하게 말할 것인가? 레닌이 애정을 담아 '불량배 공산주의자'라고 불렀던 마야코프스키 같은 사람들은 새로운 작품, 창조적 작품, 급진적 민주주의의 분위기 속에서 자신을 발견하려는 작품을 만들어 냈다.

바로 이런 점이 멕시코시티의 마플레스 아르세, 그리고 중국의 딩링丁玲, 루쉰魯迅, 후예핀胡也频, 센콩웬沈從文 등 저명한 문인들에게 호소력을 가졌다. 1904~05년 러일전쟁 동안 루쉰은 중국인 포로가 일본군에게 끌려가는 그림을 봤다. 루쉰은 이 중국인들에 대해 '육체적으로 그들은 다른 사람들만큼 강하고 건강했지만, 그들의 표정에는 정신적으로 못박혀 마비된 것이 너무나 분명하게 드러났다.'고 썼다.

그런 마비를 부수기 위해 벵갈의 공산주의자 시인 나즈룰 이슬람Nazrul Islam*은 1921년 12월 〈반항아〉Bidrohi라는 승리의 시를 썼다. 나즈룰 이슬람은 무자파르 아흐마드Muzaffar Ahmad, 압둘 할림Abdul Halim 등과 함께, 현재에 좌절했지만 미래를 창조하려는 열망을 가지고 할림이 '알려지지 않은 길'이라 표현한 길로 나아갔다. 역사가 수체타나 차토파디야이Suchetana Chattopadhyay**가 초기 공산주의자들이라 불렀던 이들은 〈번개〉Bijali, 〈혜성〉Dhumketu 등 새로운 출구에 대한 열망을 드러내는 이름의 문학 잡지들에 둘러싸이게 되었다. 경찰은 〈혜성〉을 읽고서 이 잡지를 아주 적절하게 묘사했다. '스타일상의 소용돌이 같은 에너지와 언어의 선동성으로 이 잡지는 엄청난 인기를 누리면서 미성숙하고 불균형적 정신에 커다란 동요 효과를 미쳤다.' 이 잡지는 공산주의자들이 편집했지만, 나즈룰 이슬람이 이끌었다. 이슬람의 시 〈반항아〉는 마야코프스키와 마플레스 아르세 같은 혁명적 전류가 흐르는 시인들이 표현한 긴급성이 담겨 있다.

한 손에 부드러운 피리를 들고
다른 손에는 전쟁 나팔을 잡는다!
나는 베두인 전사, 나는 징기스칸
나를 제외한 아무에게도 인사하지 않는다!
(…)
강렬한 쾌감에 미쳐 달려나간다,

---

* 나즈룰 이슬람(1889~1976): 벵갈의 시인, 문인.

** 인도 역사학자, 자다푸르 대학 역사학과 조교수.

나는 미쳤어! 나는 미쳤어!
갑자기 내 자신을 알게 된다,
오늘 모든 그릇된 장벽이 무너졌다!
(…)
나는 영원한 반항아
나는 이 세계 너머로 내 머리를 처든다
높이, 홀로라도 똑바로!

마비에 맞서 글을 쓰려는 이런 열망은 중국에서 칠레까지, 소비에트의 좌파 미래주의 경향에 맞춰 새로운 언어를 찾으려는 작가들을 끌어당긴 요소였다. 그것은 나즈룰 이슬람에게서는 들려오는 소리이지만, 칠레 시인 파블로 네루다Pablo Neruda*의 파열하는 이미지, 쿠바 영화감독 산티아고 알바레스Santiago Álvarez**의 '신경증적 몽타주' 영화, 또는 이후에 이라크 공산주의자 작가 하이파 잔가나Haifa Zangana***의 몽환적 회고록 등에서도 발견할 수 있다.

마플레스 아르세는 특히 흥미진진한 시대에 멕시코시티에서 시를 썼다. 1920년에서 1924년까지 농민과 노동자의 강력한 투쟁으로 멕시코 정부는 혁명적 공약을 심화시켰다. 예를 들

---

* 파블로 네루다(1904~73): 칠레의 대표적 시인, 1917년 노벨 문학상 수상. 칠레공산당 상원의원. 1970년 대선 후보였으나 사회당 살바도르 아옌데로 후보 단일화를 했다. 1973년 쿠데타 직후 사망.

** 산티아고 알바레스(1919~98): 대표작은 〈용광로의 시간〉Hora de los hornos. (공동감독, 1968)

*** 이라크의 화가이자 소설가.

어 알바로 오브레곤Álvaro Obregón* 정부(1920~24)가 혁명적 의제와 개량주의적 의제 사이에서 동요하자, 조직된 노동계급과 농민이 정부와 싸워 토지개혁을 수행하고 대중들에게 유리한 문화 교육 정책을 추진했다. 문맹률이 90퍼센트인 멕시코에서 시각예술과 연극은 혁명의 가치를 전달하는 데 필요한 수단이었다. 1920년대 초반에 화가들은 멕시코의 공적 공간을 페인트로 칠했고, 배우들은 도로 위에서 연극을 공연하기 시작했다. 또 교육자들은 농촌으로 가서 가르쳤고, 토지개혁은 농촌에서 존엄의 물질적 기반을 제공했다. 이 모든 것은 지도부가 주저했음에도 이를 무릅쓰고 1911년 멕시코 혁명의 가치를 추구하려는 노력이었다. 이 시기에 디에고 리베라Diego Rivera**, 다비드 알파로 시케이로스David Alfaro Siqueiros***, 호세 클레멘테 오로스코José Clemente Orozco****의 벽화, 프리다 칼로Frida Kahlo*****의 그림, 티나 모도

---

* 알바로 오브레곤(1880~1928): 멕시코의 군인이자 정치인. 1920~24년 대통령 역임. 1928년 재선되었으나 카톨릭 반란 그룹에게 암살당했다.

** 디에고 리베라(1886~1957): 멕시코 화가, 프리다 칼로의 파트너. 트로츠키주의자.

*** 다비드 알파로 시케이로스(1896~1974): 멕시코 화가, 멕시코 공산당원, 1940년 트로츠키 암살을 시도했다.

**** 호세 클레멘테 오로스코(1883~1949): 멕시코 화가. 이상 3인은 멕시코 벽화 운동의 3인방이다.

***** 프리다 칼로(1907~54): 멕시코의 대표적 여성 화가. 초현실주의, 마술적 사실주의 경향을 가졌다.

티Tina Modotti*와 마누엘 알바레스 브라보Manuel Álvarez Bravo**의 사진 등이 등장했다.

이런 예술가들 가운데 많은 사람이 멕시코공산당MCP의 당원이었고 동시에 멕시코 예술가 노동조합Syndicate of Technical Workers, Painters and Sculptors의 조합원이었다. 이 노동조합의 선언은 멕시코 예술이 '민중의 파도에서 나타났고, 집단적'이기 때문에 위대하다고 주장한다. 멕시코의 예술은 위계제를 파괴하고, 등뼈를 곧추세우고, 혀를 부드럽게 한다. 마플레스 아르세는 이 시기의 중요성을 간파했다.

La muchedumbre sonora
hoy rebasa las plazas comunales
y los hurras triunfales
del obregonismo
reverberan al sol de las fachadas.
오늘 군중이 메아리와 함께
공적 광장에 홍수처럼 밀려든다
그리고 오브레곤주의의
승리의 함성들이
정면에서 태양을 반사한다.

---

* 티나 모도티(1896~1942): 이탈리아 출신으로 미국 이주 후 모델, 배우, 사진작가로 활동했다. 1920년 이후 멕시코로 이주해 공산당 활동을 했다.

** 마누엘 알바레스 브라보(1902~2002): 멕시코 사진 작가.

프리다 칼로, 마르크스주의는 병자에게 건강을 가져다 준다.(1954)

광장의 군중은 주로 농민들이었다. 혁명 초기에 수많은 혁명적 예술과 정부 정책의 주제는 바로 이 멕시코 농민들이었다. 12년 뒤인 1942년 5월 마오쩌둥은 옌안延安 문학예술포럼에서 일련의 강의를 했다. 마오는 새로운 혁명적 문학은 조국의 꽃이자 힘, 미래인 '수백만, 수천만 노동 민중'에게 봉사해야 한다는 1905년 레닌의 권고를 주의깊게 읽었다. 마오는 러시아와 멕시코처럼 중국도 문맹률이 높은 나라라는 사실에 동의했다. 마오는 혁명운동이 두 가지 군대, 즉 옌안의 기지 지역을 지키기 위해 싸우는 총의 군대와 노동계급과 농민에게 다른 종류의 무장을 제공해야 하는 펜의 군대를 가져야 한다는 점을 분명히 했다. 작가와 화가들이 환상 속 인민을 상상하기보다 상상 외부에 남아 있는 인민을 이해하기 위해 인민 속으로 들어가야 한다고 마오는 말했다. '중국의 혁명적 작가와 화가, 가능성 있는 작가와 화가들은 대중 속으로 들어가야 한다. 그들은 오랜 시기 동안 조금도 거리낌없이 전심전력으로 노동자, 농민, 병사 대중 속으로 들어가야 하며, 투쟁의 열기 속으로 들어가야 한다. 모든 다른 종류의 민중, 모든 계급, 모든 대중들, 삶과 투쟁의 모든 생생한 패턴, 문학과 예술의 모든 원자료를 관찰하고 경험하고 연구하고 분석하기 위해 그 원천으로, 가장 광범하고 가장 풍부한 원천으로 들어가야 한다.' 민중 속에서 화가와 작가들은 대중 속의 사회적 모순만이 아니라, 대중들의 상상력을 배우게 될 것이며, 그리하여 그 상상력을 위한 예술을 생산하게 될 것이다.

혁명적 지식인의 임무는 '이 대중 정치인(즉 민중)'의 의견을 모으는 것이며, 그것을 걸러내 정교하게 만들어 대중들에게 돌려주는 것이다. 그러면 대중들은 그것을 받아들여 실천한다.' 이것은 같은 시기쯤에 이탈리아 공산주의자 안토니오 그람시가 감옥의 독방에서 글을 쓰면서 **정교화**(elaborazióne, 상세하게 설명하다)라고 불렀던 내용이다. 즉 대중들의 견해를 받아들여 상식에서 철학으로 그것을 정교화하는 것이다. 벽보와 팜플렛을 통해, 혁명 예술단의 연극과 노래를 통해 지식인들은 이 대중적 철학을 대중들에게 돌려주게 된다. 마오는 강의에서 '작가와 화가들은 그런 모든 현상을 집중시켜, 그 내부의 모순과 투쟁을 유형화하고, 대중을 각성시키고 그들을 열정으로 자극하고, 그들이 환경을 변혁하기 위해 단결하고 투쟁하도록 추동한다. 아마도 마오는 티안지안의 시를 염두에 뒀을 것이다. 티안의 시 〈만약 우리가 투쟁하지 않으면〉(1938)은 이미 옌안에서 커다란 인기를 누렸다.

우리가 싸우지 않으면
적은 총검으로
우리를 죽일 것이다.
그리고 우리의 뼈를 가리키며 말할 것이다:
"보라,
이들은 노예였다."

티안지안과 그의 동지들은 '거리의 시' 축제를 선도했고, 축제에서 시인들은 거리에 모여 자신의 시낭송으로 공적 공간에 활력을 불어넣었다. 티안지안, 허치팡, 궈샤오촨, 케란, 리지, 아이칭* 등이 믿듯이, 민중들의 사기가 떨어질 때 예술가의 역할은 대중의 사기를 고양시키는 것이다. 그들의 시에는 마을의 작풍이 있었고, 민중들에게 익숙한 운율은 이제 분명한 정치적 목적을 가진 보다 정교화된 운율로 바뀌었다. 리지는 '염소 떼가 선두의 염소를 따르고, 북상시陝西 전역에서 공산당이 퍼져나간다.'라고 노래했다.

1917년 이후의 러시아, 1940년대의 중국 또는 1959년 이후의 쿠바에서 혁명의 도가니 속에서 문학은 주요한 변화를 겪으며 혁명적 예술가들은 현실이라는 현絃을 당기고, 새로운 것을 말하는 새로운 방식을 발견한다. 그들의 청중은 이전의 귀족이나 부르주아지가 아니라 혁명의 사운드트랙, 거리에서 자신의 행동을 다루는 역사와 소설을 원하는 노동자들과 농민들이었다.

---

* 티안지안(田间, 1916~1985), 허치팡(何其芳, 1912-1977), 궈샤오촨(郭小川, 1919~1976), 케란(柯蓝), 리지(李季, 1922~1980), 아이칭(艾青, 1910~1996): 1940년대 중국 혁명 과정에서 정치시 운동을 주도한 문인들.

러시아 농민들이 모스크바 붉은광장에서 시위를 벌이다.(1917)

농민 소비에트

레닌은 유럽 마르크스주의 전통의 한계를 이해했다. 이 전통은 마르크스에 대한 엄격한 독해를 통해 역사의 주체가 프롤레타리아트라고 가정했고, 프롤레타리아트를 노동조합에 속한 산업 노동자로 좁게 이해했다. 일부 사회주의자들은 노동조합 건설에 집중하는 것으로 충분하다고 생각했다. 레닌은 이런 경향을 **경제주의**economism*라고 불렀다. 레닌은 더 넓은 비전을 가졌다. 전체 노동계급과 농업 프롤레타리아트는 단지 노동조합이 아니라 여러 경로를 통해 투쟁에 결합할 필요가 있었다. 노동조합은 필수적이지만, 노동자들의 시야를 좁게 해서, 그들이 임금을 인상하고 노동 조건을 개선하는 전투에만 몰두하도록 제한할 수 있다. 필요한 것은 노동자와 농업 프롤레타리아트가 자신의 투쟁을 인류 전체를 위한 투쟁으로 이해하도록 의식을 확장하는 것이다. 노동자들은 자본의 제한적 한계 내에서 더 나은 거래를 추구하는 것이 아니라, 훨씬 더 넓은 공산주의의 지평 내에서 더 나은 세계의 건설을 추구해야 한다고 레닌은 썼다.

마르크스는 글과 연설에서 여러 차례 정치 변화에 대한 자신의 비전이 노동조합과 노동조합 투쟁에만 뿌리를 둔 것이 아

* 일상적 경제 투쟁만을 주장하고 정치 투쟁을 거부하는 입장.

니라고 지적했다. 1865년 마르크스는 자신의 정치경제학 연구 주제를 설명하는 연설*을 했다. 그 연설에서 마르크스는 노동조합이 계급투쟁의 결정적 요새라고 직접 언급했다. 마르크스는 노동조합이 '자신이 결과와 싸우고 있지 결과의 원인과 싸우는 것이 아니라는 점을 망각해서는 안 된다. (…) 따라서 노동조합은 결코 멈추지 않는 자본의 침해로부터 끊임없이 나오는 이 불가피한 게릴라 전투에만 전념해서는 안 된다.'고 말했다. 노동조합이 해야 할 일은 정치의 영역에서 투쟁하는 것, 새로운 질서를 위해 임금 체제를 폐지하는 것이라고 마르크스는 말했다. 그러나 그 지점에 도달하기 위해 파업과 투쟁은 노동계급을 위한 학교로 기능해야 하고, 노동자와 농민을 지배하는 구조에 대해 배우고 자신감을 발전시키는 장소가 되어야 한다.

정치적 변화는 개혁에 국한되어서는 안 되고, 혁명적 지평, 즉 **정치**로 확장되어야 한다. 마르크스가 자주 강조했듯이 거대한 다수가 현재 세계 질서의 족쇄를 타도하기 위해 일어서야 한다. 프롤레타리아트, 즉 노동력을 팔아야 하는 노동자들은 사회주의 혁명에서 결정적 역할을 하게 될 것이다. 편협한 정치적 민주주의는 자본주의 아래서 가능하고, 선거는 엘리트에게 유리하게 제한될 수 있다. 그러나 사회 경제적 민주주의를 포함하는 훨씬 더 폭넓은 민주주의는 소수에 의한 편협하고 이기적인 소유권 통제를 위협할 것이다. 이 소수는 노동자들의 생활을 민주적으로 향상시키고 그들의 열망을 충족시키기보다는 자신의

---

* 〈가치, 가격 그리고 이윤〉 Value, Price and Profit. 이 글은 1865년 5~6월 사이에 쓰여졌고, 엥겔스 사후에 발견됐다.

사적 재산을 증대시키기 위해 노동을 고용했다. 이 장벽은 프롤레타리아 투쟁을 사회주의 혁명에서 중심적으로 만들었다. 자본의 소유자인 부르주아지는 민주주의를 확장시킬 의사가 없다. 그들은 민주주의가 사슬에 묶여 있기를 원했다.

레닌에게는 농민의 역할이 결정적이었다. 그의 첫 주요 저작인 《러시아에서 자본주의의 발전》(1899)은 농민 문제에 뿌리를 두고 있다. 러시아는 그 시절에 농민 사회였다. 소농민의 역할과 농민의 프롤레타리아화를 무시하는 것은 농촌에서 잠자고 있던 혁명적 잠재력을 놓치는 것을 의미한다. 레닌은 1905년 〈신생활〉Novaya Zhizn에서 중요한 개입을 했다. 여기서 레닌은 농민들이 '토지와 자유'를 원한다고 지적했다. 레닌은 이 요구는 완전하게 충족되어야 하지만, 사회주의를 위한 요구로 확장되어야 한다고 말한다. 모든 농민들이 자본의 지배에 맞서 직접 투쟁을 수행하는 노동자들의 편에 서지는 않는다. 사회주의를 지향하는 노동자들과의 적극적 동맹으로 소농민들을 끌어들이는 것이 당의 역할이라고 레닌은 말했다.

농촌에서 슬픔을 보는 일은 어렵지 않았다. 레닌의 벗 막심 고리키는 농민들이 자신의 노동을 스트라다strada라고 불렀다고 지적했다. 이 단어는 고통을 겪는다는 뜻의 러시아어 동사 'stradat'에서 나왔다. 고리키는 '농민들이 나라의 사회 정치적 생활에 참여할 수 없다고 생각하는 사람들은 이들을 알지 못한다.'라고 썼다.

1920년 레닌은 동쪽을 바라보며 '거기에서 소비에트가 가능하다. 그것은 노동자 소비에트가 아니라, 농민 소비에트 또는 노력자toilers 소비에트일 것이다.'라고 말했다. 그해 2월 17일 라자 마헨드라 프라탑 싱Raja Mahendra Pratap Singh, 압둘 하피즈 모하메드 바라카툴라Abdul Hafiz Mohammed Barakatullah, 마울란다 우바이둘라 신디Maulana Ubaidullah Sindhi 등 소비에트 연방 내의 망명자들이 참여한 인도혁명협회Indian Revolutionary Association는 레닌에게 노트를 보냈다. '인도 혁명가들이 모든 피억압 계급과 민족의 해방, 특히 인도의 해방을 위해 소비에트 러시아가 수행한 위대한 투쟁에 대한 깊은 감사와 찬양을 표현한다.'고 협의는 결의했다. 레닌은 이 결의안에 대한 답변을 썼고, 그것은 5월 10일 방송되었다.

> 노동자·농민 공화국이 선포한, 외국·토착 자본가의 착취로부터 피억압 민족의 자결과 해방 원칙이 자유를 위해 영웅적인 투쟁을 수행하고 있는 진보적 인도인 사이에서 그렇게 열렬한 반응을 받았다는 소식을 듣고 기쁘다. 노동 민중의 조직과 규율, 그들의 인내와 세계 노동 민중과의 연대는 궁극적으로 승리를 담보한다. 우리는 무슬림과 비무슬림 사이의 긴밀한 동맹을 환영한다. 우리는 이 동맹이 동방의 모든 노력자들에게 확대되기를 진심으로 원한다. 인도, 중국, 조선, 일본, 페르시아, 터키의 노동자와 농민 들이 서로 손을 잡고 해방이란 공동의 대의를 향해 함께 행진할 때에야 비로소, 오직 그럴 때에만 착취자에 대한 결정적 승리가 확보될 것이다. 자유 아시아 만세!

노동자·농민의 단결 문제는 이 메시지와 반식민운동에 대한 소비에트 연방의 지침에서 제일 먼저 나왔다. 인구 중 막대한 다수인 농민을 무시한다면 '농민 사회'는 작동할 수 없다. 인도와 중국에서, 또는 멕시코와 이집트에서 '농민 사회' 출신인 사람들은 러시아 혁명과 첫 10년 동안 일어난 극적인 인간 발전을 자신의 열망을 반영한 거울로 봤다.

인도국민회의의 지도자인 자와할랄 네루가 소비에트 연방 건국 10주년 행사를 위해 그곳에 도착했다. 네루는 '농민 사회'가 빈곤에서 동료 의식으로, 기아에서 포만으로 급속하게 이동한 능력에 감탄했다. 러시아가 네루의 관심을 끈 것은 인도와 소비에트 연방 둘 다 민중의 자유에 장애물인 빈곤과 문맹에 갇힌 농민 국가였기 때문이다. 1927년 네루를 더 놀라게 했던 것은 자신이 상상한 것보다 러시아에 빈곤이 더 적었을 뿐 아니라 그 지도부가 노동자·농민 출신이었다는 사실이었다. 네루가 만났던 미하일 칼리닌Mikhail Kalinin*은 농민 가족 출신으로 나중에 소비에트 연방의 국가원수가 됐다. 정부 수반인 이오시프 스탈린은 구두공와 하녀 가정 출신이었다. 이들은 보통 사람들이었지만, 지금 이 특별한 거대한 나라를 운영하고 있었다. 네루는 소련 방문에 대해 '러시아가 우리의 관심을 끈 것은 오늘날 세계가 직면한 심각한 문제에 대한 어떤 해결책을 찾을 수 있도록 우리에게 도움을 줄 수도 있기 때문이다. 러시아가 우리의 관심을 끈 것은 특히 그곳의 조건이 인도의 조건과 크게 다르지 않았고, 심지어 지금도 크게 다르지 않기 때문이다. 두 나라는 거

* 미하일 칼리닌(1875~1946): 볼셰비키 혁명가. 1919~46년까지 소련의 국가원수.

우 산업화 초기 단계에 들어간 광대한 농업 국가이며, 둘 다 빈곤과 문맹에 직면해야 한다. 만약 러시아가 이런 문제에 대한 만족스런 해결책을 찾는다면, 인도에서 우리의 사업은 더 쉬워질 것이다.'라고 썼다.

그리고 네루는 소비에트 연방이 배고픔과 빈곤에 맞서 커다란 성과를 거뒀고, 농민의 권력과 존엄을 증대시켰다는 사실을 발견했다. 거대한 빈곤과 궁핍으로부터 소비에트 연방은 거대한 전쟁을 중단시켰고, 자본주의 열강의 침략을 격퇴했으며, 국가의 산업·농업 역량을 건설하기 위해 투쟁했다. 건국 10년 내에 소비에트 연방은 극단적 후진성에서 경제 사회적으로 안정된 상황으로 나아갈 수 있었다.

네루는 의료, 기대수명, 유아사망률, 산업 성장 등 접근 가능한 통계를 유심히 살펴봤다. 그러나 이런 것만으로 끝나지 않았다. 날카로운 관찰자인 네루의 관심을 끈 것은 농민에게 훨씬 풍요로운 사회 생활의 모습들이었다. '농민들은 자신의 신문, 농촌 축제, 학술원과 요양원을 가지고 있다. 그들은 자신들의 도서관과 열람실, 여성 클럽을 가지고 있다. 문맹퇴치협회와 상호부조협회는 어디에서나 찾아볼 수 있다. 그리고 선구자(Pioneers: 전연방선구자조직)와 콤소몰(Komsomols: 청년공산주의동맹) 등 청소년과 청년 조직들도 그러하다. 이 풍요로움, 이 부유함은 진보의 가장 훌륭한 척도였다.'

'여성들이여, 읽고 쓰기를 배우자! - 오, 어머니! 어머니가 글을 배우면 저를 도와줄 수 있을 거예요!'
엘리자베타 크루글리코바Elizaveta Kruglikova의 리크베즈 포스터.(1923)
리크베즈Likbez는 '문맹의 제거'를 의미하는 'likvidatsiya bezgramotnosti'의 약어이며, 문자해득률을 확산시키는 데 성공한 소비에트의 문맹퇴치 프로그램이었다.

레닌은 문맹퇴치가 없다면, '정치가 있을 수 없고, 문맹퇴치가 없다면 소문, 뒷담화, 거짓말과 편견만 있게 된다.'고 썼다. 1897년 차르 시대 마지막 인구조사에서 러시아인의 3분의 1 이하가 문맹이 아닌 것으로 간주됐다(여성의 경우 13퍼센트만이 읽고 쓸 수 있었다). 1917년 남성의 3분의 1이 읽고 쓸 수 있었고 여성은 5분의 1 이하였다. 소비에트 연방의 사회적 잉여 가운데 엄청난 양이 교육과 보건, 주민의 기본적 필요에 돌려졌다. 1926년 리크베즈 프로그램 덕분에 인구의 절반이 읽고 쓸 수 있게 되었다. 1937년 혁명 20년 후 문자해득률은 남성 86퍼센트, 여성 65퍼센트로 증가했다. 이것은 놀라운 성취였다. 소비에트 연방에서 토착화korenizatsiya 정책*을 추진해 사람들이 러시아어만이 아니라 자기 모국어의 지식과 지혜를 발전시킬 수 있도록 지역 언어를 장려했다는 사실도 언급할 필요가 있다. 그런 진보가 '농민 사회'에서 일어났다. 이에 비해 인도의 문자해득률은 영국에게 식민 지배를 받은 2세기 가까운 기간 동안 12퍼센트에 머물렀다.

---

* 비러시아계 소수민족을 소비에트 공화국으로 통합시키려 했던 소비에트 연방의 초기 정책.

Khazir minda azad! 나도 이제 자유다! (1918~20)
출처: 대영도서관.

소비에트 아시아

10월 혁명은 확실히 상트페테르부르크와 모스크바 등 도시에서 시작됐다. 그렇지만 1916년 1월 카자흐 스텝 지대와 투르케스탄*에서 중앙아시아 민중을 쓸모없는 유럽 전쟁에 징집하려는 차르의 시도에 맞선 소요가 일어났다. 페르가나 계곡과 카자흐와 키르키즈 지역에서 민중은 러시아계 정착민을 공격한 다음 **대규모로** 중국의 신장新疆으로 도망쳤다. 반反군주제 사상에 뿌리를 둔 중국의 비밀결사들이 중앙아시아에 침투해 있었다. 그런 결사 중의 하나가 가로회哥老會**였는데, 이들은 주오종탕左宗棠***의 후난湖南 군대에게 밀려 신장으로 쫓겨났다. 가로회의 회원 가운데 한 명이 마오쩌둥의 핵심 장군인 주더朱德****였다. 볼셰비즘과 그것이 중국공산당 조직에 끼친 영향에 대해 묻자, 주더는 미국 공산주의자 아그네스 스메들리Agnes Smedley에게 '세포

---

* 투르크족의 땅이란 뜻으로, 중앙아시아 지역을 가리킨다.

** 중국 청조에 저항한 비밀결사. 회원들이 도끼를 갖고 다녀 푸다오방斧头帮이라고 불리며, 1911년 신해혁명에 참가했다.

*** 주오종탕(1812~85): 청조의 정치인이자 장군.

**** 주더(1886~1976): 중국 혁명의 군사 지도자. 팔로군과 인민해방군 총사령관.

체계는 중국 비밀결사만큼 오래된 것'이라고 대답했다. 그는 알고 있었을 것이다. 주더는 공산당에 가입할 때까지 가로회의 스촨四川 지부 대장로였다. 가로회와 홍창회紅槍會*는 중앙아시아와 중국 사이에서 이동하면서 차르를 타도해야 한다는 사상을 설파했다. 10월 혁명은 그 당시 상트페테르부르크뿐만 아니라 카라콜(Qaraqol: 키르기스스탄 동부에 위치한 도시)에도 기원을 뒀다.

이 지역의 많은 러시아계 정착민들은 주변의 반란에 불안을 느껴 10월 혁명을 타도하려는 백군에 가담했다. 소비에트는 투르케스탄의 상황을 조사할 위원회를 파견했다. 위원회는 옛 차르 관료들을 이 지역에서 제거하고, 러시아계 정착민들의 식민주의적 태도를 제거해야 하며, 중앙아시아인들의 낡은 봉건적·가부장제적 태도와 투쟁해야 한다고 권고했다. 투르케스탄과 모스크바 사이의 긴장이 고조됐다. 투라르 리스쿨로프Turar Ryskulov, 미르사이드 술탄-갈리에프Mirsaid Sultan-Galiev, 나중에 제키 벨리디 토간Zeki Velidi Togan 등 타슈켄트의 공산주의자들은 모스크바로부터 이 지역의 자치를 위해 또한 투르크멘 민중이 엘리트에 대해 취한 적대적 입장을 완화하기 위해 투쟁했다. 투르크멘 출신이 아무도 없는 이 위원회의 대표는 이 지역을 소비에트 연방에 통합해 훨씬 더 격렬한 계급투쟁의 정치로 나아가길 원했다. 레닌은 지역 공산주의자들이 모스크바의 동지들보다 더 나은 지역 감각을 가지고 있다고 판단했다. 레닌은 '투르케

* 중국 청나라 말기에, 화베이華北 지방의 농민들이 군벌의 착취에 대항하여 조직한 자위 무장단. 창에 붉은 술을 달았다. 항일전쟁 때에 팔로군에 흡수되었다.

스탄 공산주의자들'에게 보내는 노트에서 이렇게 썼다.

> 지금까지 억압 받아 온 약소 민족들에 대한 소비에트 노동자·농민 공화국의 태도는 아시아 전체와 전 세계의 식민지, 수십억 민중들에게 매우 실천적인 중요성을 갖는다. 여러분이 이 문제에 대해 가장 긴밀한 주의를 기울이고, 투르케스탄 민족들과 동지적 관계의 효과적 모범을 세우기 위해 모든 노력을 경주하며, 여러분의 행동을 통해 대大러시아 제국주의의 모든 흔적을 없애고 영국 제국주의가 지도하는 전 세계 제국주의에 맞서 무자비한 투쟁을 수행하는 우리의 의지가 진실하다는 점을 보여 줄 것을 진지하게 촉구한다.

'대러시아 제국주의'라는 개념은 옛 차르 제국의 영토에서는 결정적이었다. 중앙아시아는 포스트식민주의 세계의 모델이 되어야 했다. 소비에트 군대는 지역의 히바Khiva와 부하라Bukhara* 왕을 공격해 군주제 대신에 호레즘Khorezm 인민 소비에트 공화국과 부하라 인민 소비에트 공화국을 세웠다(양자는 나중에 우즈벡 및 투르케스탄 소비에트 사회주의 공화국으로 통합됐다). 자결 원칙에 기반한 이 공화국들은 조심스럽게 자치를 지켜 낼 필요가 있었다.

중앙아시아의 중심부에는 불편한 문제가 남아 있었다. 종교적 자유와 소小소유자의 권리 문제는 소비에트 프로젝트를 끈질기게 괴롭혔다. 압둘라우프 피트라트Abdulrauf Fitrat, 파이줄라 호드자예프Fayzulla Khodzhayev, 아크말 이크라모프Akmal Ikramov 등 젊은 부하라 및 히바 공산주의자들은 조급하게 사회 구조와 문

---

* 히바, 부하라: 우즈베키스탄 서부와 중부의 도시 왕국의 이름.

화를 변혁하고 싶어 했다. 그들에게 소비에트의 약속은 봉건주의에 빠져 있는 자신들의 사회가 평등주의적 시대로 전환할 수 있음을 의미했다. 인도인 작가인 아르드니카스L.G. Ardnihcas는 20년 뒤 중앙아시아를 방문해서 '초기 볼세비키가 정책과 절차에서 많은 실수를 했다는 점, 그들의 대의에는 거의 치명적일 수 있는 우월감에 물들어 있었다.'는 것을 발견했다. 1920년 바쿠에서 열린 동방노력자대회Congress of the Toilers of the East*에서 그리고리 지노비예프Grigory Zinoviev**는 중앙아시아 문제의 핵심에 도달했다. 그는 가장 중요한 문제가 토지개혁이라고 말했다. 지노비예프는 중앙아시아 농민이 행동을 취하기에 너무 소극적이라고 느꼈다. 그는 대의원들에게 연설하면서, '수세기에 걸쳐 유럽 일부분의 억압과 노예화'가 일어난 결과로 인한 '수세기의 정체'가 농민을 멈춰 버렸다고 말했다. '동방에서 토지 문제의 해결은 부분적으로 압제자들에게 구타당하고 겁먹은 농민들이 감히 결정적인 혁명적 행동을 취하려고 하지 않기 때문에 발생하는 상당한 어려움에 둘러싸여 있다.'

> 예를 들어 아제르바이잔 공화국에서는 소비에트 체제가 작동 중이었지만, 농민들은 여전히 부르주아지와 지주들의 보복이 두려워 직접 토지를 장악하는 것을 두려워했다. 투르케스탄에서도 동일한 어

* 1920년 9월 아제르바이잔 바쿠에서 열린 국제회의. 아시아와 유럽에서 1900명의 대표가 참석했다.

** 그리고리 지노비예프(1883~1936): 러시아 볼셰비키 혁명가. 혁명 후 1926년까지 코민테른 의장과 주요 직책을 맡았다. 1936년 대숙청 재판 후 처형당했다.

려움에 직면했는데, 특히 토착민을 억압하기 위해 차리즘과 부르주아지가 파견한 러시아인들이 여전히 남아 있었다. 특권을 포기하기를 원치 않는 러시아인들은 빈번하게 자신을 소비에트와 공산주의 구호로 위장하면서도 계속 과거처럼 행동하고 있었다. 소비에트의 모든 진정한 대표자들이 직면한 문제는 이 향신층을 비판하고 토착 민중들에게 소비에트 러시아가 과거 식민주의의 강탈 정책을 용인하지 않을 것이며, 최상의 의미에서 문화와 문명을 담지할 것임을 보여 주는 것이다. 이것은 옛 식민주의자들의 방식을 따르는 것이 아니라, 빛과 문화를 가져오는 큰형처럼 해야 한다.

이 '큰형들'은 러시아 배외주의자들이 아니라, 공산주의로 전향한 중앙아시아인들이었다. 소비에트는 지역의 남성과 여성들을 모스크바의 동방노력자공산주의대학Communist University of the Toiling East: KUTV*에서 교육시켰다. 이 남성과 여성들은 교육을 받은 뒤 고향으로 돌아가 가능한 수준에서 중앙아시아 공산주의를 발전시켰다. 아르드니카스가 《동방의 소비에트》에서 썼던 것처럼, 공산당은 '지역의 피와 살로 자신을 손을 만들고 외부로부터 민족 공화국으로 끼어드는 손을 차단하기로 결정했다.'

이런 공화국들 가운데 하나가 소비에트 연방과 중국 사이에 살았던 키르키즈 민족의 공화국이었다. 1924년 카라-키르키즈 자치구Kara-Kyrgyz Autonomous Oblast**가 세워졌을 때, 키르키즈 민족

---

* 코민테른이 1921년 설립해 1930년대 말까지 운영한 공산당 간부 양성 학교.

** 1924년 러시아 사회주의 소비에트 공화국 내에 설치되었다가, 1936년 키르키즈 사회주의 소비에트 공화국이 됐다.

은 자기 언어를 쓸 수 있는 알파벳이 없었다(비록 일부에서 아랍 표기법을 사용했지만, 그런 경우는 드물었다). 몇 년 안에 신생 소비에트는 라틴어 기반 알파벳을 도입했다. 1942년 레이먼드 스타이거와 앤드류 데이비스가 《소비에트 아시아》The Soviet Asia에서 지적한 것처럼, '몇 년 전만 해도 키르키즈 언어에 알파벳 문자는 없었다. 대다수 민중이 문맹이었다. 오늘날 키르키즈인은 알파벳이 있고, 1939년 20만 명의 학생이 공화국의 1500개 초등학교, 119개 고등학교, 3개 대학에 다녔다. 2만 명 이상의 교사들이 새로운 알파벳으로 인쇄된 교과서로 토착어 수업을 진행했다.' 아르드니카스는 '거대한 변혁의 성과를 이끈 것은 보통 사람, 농민, 노동자, 유목민 양치기들이었다.'고 썼다.

놀라운 대규모 성과는 소비에트 아시아 민족들의 생활을 향상시켰다. 총연장 1500킬로미터에 이르는 투르케스탄-시베리아 Turksib 열차가 타슈켄트(우즈벡 소비에트 사회주의 공화국)를 시베리아 횡단 열차와 연결시켰다. 이 거대 프로젝트는 소비에트 연방의 제1차 5개년 개혁의 일환으로 1926년부터 1931년까지 진행됐다. 빅토르 투린Viktor Turin이 제작해 1929년 〈투르크시브〉Turksib라는 제목으로 개봉한 건설 다큐멘터리는 유목 민족들이 직면한 문제를 웅장하게 추적하면서, 어떻게 철도가 그들의 부담을 해결했는지 보여 준다. 나중에 우즈벡 소비에트 사회주의 공화국의 민족 시인이 된 가푸르 굴람Ghafur Ghulam*은 철도 프로젝트가 완성되는 것을 지켜봤고, 그 위업에 바치는 송시를 썼다

* 가푸르 굴람(1893~1966): 우즈베키스탄의 저명한 시인.

(이 시는 1933년 흑인 공산주의 시인 랭스턴 휴즈Langston Hughes*와 그의 이웃 조지아 조각가 니나 조로코비츠Nina Zorokovitz에 의해 번역됐다). 굴람의 시는 이렇게 시작된다. '기관차의 오각형 청동 심장에 분쇄됐지만, 아주 많은 일을 지켜본 고대의 도로를 따라 이제 아시아의 프롤레타리아트가 온다. 그들은 이제 연합과 연대 속에 강철 카라반으로 여행할 것이다.'

이 고대의 도로는 우리의 불멸성이다.
그리고 이 도로를 따라
피비린내가 아니라
미풍이 지나갈 것이다.

투린의 다큐멘터리와 굴람의 시는 이제 자신의 이익을 위한 프로젝트를 창조하고 있는 중앙아시아 민중의 엄청난 사회적 노동을 축하한다. 그러나 이 열차만 유일한 주요 프로젝트는 아니었다. 총연장 300킬로미터에 이르는 페르가나 대운하Great Ferghana Canal**로 우즈벡 소비에트 사회주의 공화국의 동부는 시르 다르야 강에서 페르가나 계곡의 면화밭까지 물을 끌어올 수 있었다. 이로 인해 이 지역의 농업이 확대됐고, 중앙아시아 전역의 농부들이 이 비옥한 계곡으로 몰려들었다.

이 거대한 프로젝트들 가운데 어떤 것도 만약 여러 공화국

---

* 랭스턴 휴즈(1901~1967): 미국의 흑인 시인, 할렘 르네상스의 지도자.

** 우즈베키스탄과 타지키스탄 사이의 페르가나 계곡에 위치한 관개용 운하. 1939년 완공.

이 소비에트 연방에 함께 연결되지 않았다면 상상할 수 없었던 것들이다. 돌이켜보면, 소련 시대에 비료 산업으로 인해 아랄해 근처에서 나타난 환경 문제와 페르가나 계곡의 토양에 공업용 화학물질을 사용한 것에 대해 많은 비판이 있었다. 물론 이것은 사실이지만, 그것은 오로지 공산주의 실험만의 문제는 아니다.

중앙아시아 보통 사람들에게 영감은 식민지의 벽에 메아리치는 소비에트 연방의 법령들로부터 나왔고, 그 제목들은 충분히 주목할 만하다.

러시아와 동방의 모든 무슬림 노동자들에게(1917년 11월)
러시아 민족들의 권리 선언(1917년 12월)
노동자와 피착취 민중의 권리 선언(1918년 1월)

1917년 12월 선언은 가장 강력했다. 선언은 '러시아 민족들의 평등과 주권'만이 아니라 '러시아 민족들의 자유로운 자결권을, 심지어 분리와 독립국가 수립까지' 요구했다. 이것은 식민지에서 상상할 수 없는 것이었다. 미국의 우드로 윌슨 대통령이 병합 없는 평화와 자결의 개념으로 신뢰를 얻으려고 했을 때, 인도 민족주의자이자 언론인 하딜카르는 〈치트라마야-자갓〉에 '레닌은 그것을 이미 2년 전에 했다.'고 썼다.

1919년 말, 윌슨을 신뢰하려고 했거나 윌슨의 말을 이용했던 사람들도 실망했다. 당시 청년이었던 마오쩌둥은 유럽 지도자들을 '냉소적으로 자결권을 옹호하는 강도 무리'로 보았다. 이 시기에 레닌의 소비에트 연방에는 윌슨의 미국과 같은 종류의

붉은 카라반.(1939)
맥스 펜슨Max Penson(1893~1959)의 사진.

제도적 제약이 없었다. 윌슨은 파리의 국제연맹 회의에서 시험대에 올랐다. 윌슨은 국제연맹 헌장의 핵심에 인종 평등 조항을 넣으려는 일본의 요청을 짓뭉개는 데 도움을 줬다. 윌슨의 사절들은 더 나아가 그 조항을 매장해 국제연맹의 위신을 손상시켰고, 윌슨 자신의 자결권 제안에서 보편주의를 제외시켰다. 인종주의는 미국과 유럽 국가에서 자본주의적 정책에 핵심이었고, 그들은 민중과 자연을 초과 착취하는 장으로서 식민지와 반식민지를 유지하기 위해 인종적 우월성 사상에 의지했다. 이런 곳에 자유를 주는 것은 불가능한 일이었다. 윌슨은 1914년 니카라과, 1915년 하와이, 1916년 도미니카 공화국을 점령하기 위해 미군을 파견했다. 1913~14년 윌슨은 멕시코 혁명을 저지하기 위해 군사적으로 개입했다.

윌슨의 제국주의적 군사 행동의 추악성 때문에 윌슨의 국무장관 로버트 랜싱Robert Lansing은 불쾌감을 느꼈고, 1916년 윌슨 대통령에게 '나는 우리가 **개입**이란 단어의 사용을 피해야 하고 멕시코에 대한 어떤 침략도 개입을 위한 것임을 부인해야 한다고 생각한다.'라고 썼다. 윌슨의 고문 조지 루이스 비어George Louis Beer는 윌슨에게 수사적 발언이 아프리카 국가의 자결을 의미하지 않도록 해야 한다고 권고했다. 비어는 '흑인종은 지금까지 다른 민족들의 후견을 제외하고 진보적 발전 역량을 보여 준 적이 없다.'고 썼다. 다른 민족들의 목록에는 경험이 있는 영국과 프랑스 외에도 깨끗한 명성을 가진 스칸디나비아 국가도 포함시켰다. 그러나 아프리카와 아시아 민중은 '현대 세계의 강압적 상황 아래서 아직은 스스로 일어설 수 없었다.' 윌슨은 볼셰비키와 동시대의 인물이었다. 그들의 세계는 윌슨에게 낯설었다.

1919년 3월 공산주의 인터내셔널이 처음으로 모임을 가졌다. 코민테른은 베르사유와 윌슨을 압박했다. 그들은 코민테른에 개의치 않았다. 코민테른은 다른 경로를 택했고, 그 절정은 바쿠에서 열린 동방노력자회의였다. 조지아의 트빌리시에서 볼셰비키 대표단은 회의를 다음과 같이 묘사했다.

> 회의의 첫 회기는 회의의 목적을 설명한 지노비예프의 연설이었다. 지노비예프가 연설하는 도중 동방 민족들에게 성전에 나설 것을 촉구하자 대표단의 열광으로 연설이 중단됐다. 그들은 희열에 넘쳐 자리에서 일어나 칼을 뽑아들고 공중에 휘둘렀다. 회의장은 모든 언어로 외치는 환호로 가득 찼다. 인터내셔널 가의 선율에 맞춰 대회는 노동계급의 대의에 계속 충실할 것을 맹세했다. 회의는 아주 열정적이었고, 기립박수로 자주 중단되었다.

저녁에 바쿠는 휴가철의 분위기를 연출했다. 예술적인 승리의 아치와 아름다운 장식물이 거리를 메웠다. 지노비예프 동지는 엄청난 주목의 대상이었다. 그가 거리에서 보일 때마다, 환호하는 군중들이 그를 둘러쌌다.

1922년 소비에트 외무부는 동방에서 소비에트의 영향력이 외교적 창조 때문에 '끊임없이 증가'하고 있다고 인정했다(그 사례는 1921년 소비에트-터키 조약과 1921년 소비에트-페르시아 조약이었다).

이러한 모순은 코민테른의 사업을 위축시켰다. 그럼에도 코민테른을 통해서 세계의 한쪽에 있는 노동조합원과 혁명적 민족주의자들은 다른 편에 있는 동료의 사업에 대해 알게 됐다. 전 지구적 공산주의의 기반이 코민테른 활동가들에 의해 창출됐다. 이들은 중국의 한쪽 끝에서 멕시코의 다른 쪽 끝까지 움직이면서 사회주의자, 무정부주의자, 생디칼리스트, 모든 종류의 반란자들을 만나 그들에게 공산주의 운동과의 단결을 촉구했다. 공산주의 인터내셔널은 유럽의 조직과 유럽 식민지 출신 조직의 필요에 균형을 맞추려고 애썼다. 전자는 식민지 본국을 대표했다. 그들은 자기 사회에서 노동계급과 다른 동맹 계급의 조직을 건설하기 위해 투쟁함과 동시에 반식민지 의제를 제기할 책임을 담당했다. 코민테른이 그들로 하여금 식민지 회의 Colonial Conference를 개최하도록 하려 했던 시도는 불발로 끝났다. 식민지로 연결되는 파이프라인으로 여겨졌던 이 유럽 공산주의자들은 실천적 측면에서 본국와 식민지의 노동자들 사이의 동맹을 건설하려고 노력하고 있었다. 이 유럽 공산주의자들은 자주 친제국주의적 입장을 취하는 노동귀족에 의해 지배당하는 본국 노동자들 사이에서 어렵게 사업을 했다. 유럽 노동자의 권리와 식민지의 노동자·농민을 위한 이중 의제를 제시하는 것은 쉽지 않았다. 인도차이나에서 아프리카의 골드코스트*까지 식민지에는 그런 어려움이 없었다. 그러나 식민지에서는 다른 어려움이 공산주의자들을 괴롭혔다. 그들은 식민 지배를 증오하면서도 자본주의와는 아무 문제가 없는 부르주아 민족주의자들과 함께 일할 때 정확한 틀을 창출하는 데 어려움을 겪었다.

---

* 서아프리카 기니 만에 위치한 영국령 식민지. 현재의 가나.

〈흑인 노동자〉The Negro Worker같은 신문 덕분에 대륙 전체의 노동조합은 서로의 상황을 알게 되었고, 단결의 경험을 통해 사업을 확대할 수 있었다. 트리니다드의 마르크스주의 지식인 제임스 C.L.R. James*는 트리니다드 친구이자 국제 노동조합 흑인노동자위원회의 위원장인 조지 패드모어George Padmore의 사업을 지켜봤다. '몸바사, 라고스, 피자바드, 포르토프랭스, 다카에서 노동조합이나 정치 조직을 건설하려고 노력하는 사람들이 자주 비합법 상태로 심한 탄압 아래에서, 예외적인 관심을 갖고 모스크바의 중앙에서 내려오는 지침을 존경하고 신뢰하면서 읽고 따랐다는 사실을 기억해야 한다.'고 제임스는 썼다. 이 '신뢰하는 중앙'은 코민테른이었다. 코민테른은 세계 한쪽 끝의 노동자들이 다른 쪽 끝의 노동자들과 접촉할 수 있도록 도움을 줬다. 패드모어는 〈흑인 노동자〉를 편집했고, 이 신문을 통해 '수십만 명의 흑인 활동가들과 그들이 대표하는 수백만 명'이 세계에 접근할 수 있었다. 또 그들은 '피억압자의 편에 섰던 이론상의 공산주의와 강력한 힘으로서 러시아의 구체적 사상'을 파악할 수 있었다. 제임스는 소비에트 연방에 대해 비판적이었음에도, 이것은 '바로 〈흑인 노동자〉가 서인도제도, 나이지리아, 남아프리카 등 전 세계에서 땀흘리며 일하고 투쟁하는 수천 명에게 제공했던 바'라고 썼다.

국제노동자지원(Internationale Arbeiterhilfe[IAH] 또는 Workers International Relief [WIR], 이하 IAH)**같은 단체는 처음에 소비에트

---

* C.L.R. 제임스(1901~89): 트리니다드 토바고 출신의 비주류 마르크스주의자. 역사학자이자 작가이기도 하다.

** 1921년 베를린에서 설립된 국제 노동자 지원단체. 코민테른과 긴밀히 협조했다.

연방 내에서 투쟁에 관심을 갖도록 하고, 주로 유럽인들에게 기금을 걷어 기근 예방에 도움을 주기 위해 등장했다. 그러나 IAH의 사업은 결국 외부로 확대됐고, 일본에서 멕시코까지 연대 캠페인을 건설하게 됐다. IAH는 독일에서 사업을 했지만, 그 에너지를 전 세계의 '피억압, 피착취' 민족들에게로 전환했다. IAH는 공산주의자들과 그들의 동맹자들이 전 대륙적으로 연결할 수 있도록 했고, 각자 자기 나라 안에서 급진파들의 관계를 심화시켰다. 또 '연대' 같은 단어가 구체적 의미를 취할 수 있도록 했다. 이것은 모스크바의 적극적 지원이 없었다면 가능하지 않았을 것이다.

미하일 보로딘Mikhail Borodin* 같은 코민테른 요원들은 지구상의 한쪽 끝에서 다른 쪽 끝까지 지침과 방법론을 전파했고, 혁명을 어떻게 지원할 것인지를 고민했다. 그들과 더불어 식민지의 남성과 여성들이 모스크바로 와서 혁명 이론을 공부했고, 그런 다음 고국으로 돌아가 온갖 난관을 무릅쓰고 공산당을 건설했다. 이런 사람들은 다채롭지만 위험한 삶을 살았고, 공장 정문에서 인쇄소로, 감옥에서 망명지로 옮겨다녔다. 그들의 여정은 예상할 수 없었다. 인도 혁명가 로이M.N. Roy**는 멕시코공산당의 창건자가 되기도 했고, 칠레 사회주의자 루이스 에밀리오

* 미하일 보로딘(1884~1951): 동아시아 지역 담당 코민테른 요원. 손얏센과 국민당의 고문으로 유명하다.

** 로이(1887~1954): 인도 출신 혁명가, 멕시코공산당과 인도공산당 창건에 참여했다. 코민테른 대표로 활동했고, 스탈린 등장 이후 독자적 행보를 취했다.

레카바렌Luis Emilio Recabarren*은 아르헨티나공산당의 창건자가 되었다. 다다 아미르 하이다르 칸Dada Amir Haidar Khan**은 상선을 타기 위해 라왈핀디***의 외진 마을 떠나, 미국공산당의 활동가가 됐고, 다시 소비에트 연방으로 가서 동방노력자대학에서 교육을 받았다. 대학은 그를 인도로 파견했다. 파드Fahd로 알려진 유수프 살만 유수프Yusuf Salman Yusuf****는 코민테른 요원 표트르 바실리를 만났고 그의 도움으로 동방노력자대학에 들어갔다가, 유럽을 거쳐 이라크로 돌아갔다. 탄 말라카Tan Malaka*****는 네덜란드령 동인도제도(인도네시아)를 떠나 네덜란드로 유학 갔다가, 유명한 교육자이자 공산주의자가 되어 돌아왔다. 이후 그는 망명을 떠났다가 코민테른 4차 대회에 참석하러 모스크바로 갔다. 한편 호찌민은 프랑스와 미국을 거치면서 배 위에서, 호텔에서 일했다. 호찌민은 프랑스공산당의 창건자가 됐고, 소비에트 연방으로 가서 동방노력자대학에서 공부한 다음 인도차이나로 돌아가 혁명을 이끌었다. 이 사람들은 1900년 전후로 태어났고, 각자 다채로운 삶을 살았지만 자신들의 10대 시절에 일어난 10월 혁명의 영향을 받았다. 이들은 코민테른의 회로를 따라 살았고, 그들에게 소비에트 연방은 자신의 사상과 자신의 혁명 이론과 네트워크를 건설하기 위한 결절점이었다.

---

* 루이스 에밀리오 레카바렌(1876~1924): 칠레 사회주의자, 노동운동 지도자.

** 다다 아미르 하이다르 칸(1900~89): 파키스탄 공산주의자.

*** 파키스탄 펀잡 지방의 도시.

**** 유수프 살만 유수프(1910~49): 이라크공산당의 지도자.

***** 탄 말라카(1897~1949): 인도네시아의 독립운동가.

1917년 여름, 전 러시아 무슬림 평의회All-Russia Muslim Council의 서기였던 바시키리아* 출신 미르사이드 술탄-갈리에프Mirsaid Sultan-Galiev**는 볼셰비키 당에 가입한 이유를 이렇게 묘사했다.

> 단지 그들은 민족의 운명을 자신의 손으로 가져가려고 노력했다. 단지 그들은 누가 세계 전쟁을 시작했는지 폭로했다. 무엇이 나를 그들에게 이끌지 않았겠는가? 그들은 또한 인도, 이집트, 아프가니스탄, 페르시아와 아라비아를 억압하는 영국 제국주의에 대해 전쟁을 선포했다. 그들은 모로코, 알제리와 아프리카의 다른 아랍 국가를 노예화한 프랑스 제국주의에 맞서서 무기를 들었던 사람들이다. 어떻게 내가 그들과 함께 가지 않을 수 있겠는가? 여러분도 알다시피, 그들은 러시아 국가의 역사에서 전에 아무도 발설하지 못한 단어를 발설했다. 러시아와 동방의 모든 무슬림에 호소함으로써, 그들은 이스탄불이 무슬림의 손에 들어가야 한다고 선언했다.

술탄-갈리예프의 말은 그의 고향 바시키리아에서 우즈벡 본토의 외곽까지만 울려퍼진 것이 아니라, 수만 명의 인도 무하지르Muhajirs***가 오스만 제국의 칼리프를 방어하기 위해 이스탄불로 행진하던 인도까지 울려퍼졌다. 이 범이슬람주의자들은 소비에트 연방의 소식을 듣게 됐다. 카불에서 압두르 라브 레샤와

---

* 우랄 지역의 다른 이름.

** 미르사이드 술탄-갈리에프(1892~1940): 타타르인 볼셰비키. 이슬람 민족 공산주의를 주장했다가 숙청당했다.

*** 주민을 뜻하는 아랍어, 인도 이주민을 말한다.

리Abdur Rab Peshawari는 그들에게 '러시아에서 혁명이 일어났고, 만약 우리가 거기에 간다면 많은 것을 보고 배울 수 있을 것'이라고 말했다. 한 그룹이 테르메즈Termez*에 도착했을 때, '붉은군대 병사와 장교들이 환영 음악을 연주하는 악대와 함께 와서 그들을 환영했다.'

그 도시의 요새 사령관은 그들에게 '혁명 이후 소비에트 국가가 어떻게 변했는지 보라.'고 말했다. 타슈켄트에서 범이슬람주의를 위해 싸우러 왔던 이 사람들은 '자신을 공산주의자라고 언급했다.' 공산주의 지도자 무자파르 아흐메드Muzaffar Ahmad**는 '여러 명의 젊은 무하지르들이 터키가 아니라 혁명의 나라인 소비에트 연방으로 가기로 결정했다.'고 썼다. 17명의 학생들이 모스크바의 동방노력자대학으로 갔고, 다른 이들은 타슈켄트의 인도 군사학교에서 공부했다('우리 가운데 한 명은 비행 훈련을 받았다'). 아흐메드는 '우리는 고향을 완전히 떠났지만, 공산당에 가입한 다음 다시 고향으로 돌아가고 싶었다.'고 썼다. 그들은 두세 명씩 이란을 거쳐 돌아갔다.

공산주의와 범이슬람주의의 연결은 이 시기에 중요한 역할을 했다. 인도네시아의 탄 말라카는 이 점을 명확하게 표현했다.

> 초승달과 나란히, 소비에트의 별은 사하라, 아라비아, 힌두스탄***과 우리 인도의 약 2억 5천만 무슬림의 위대한 투쟁의 상징이 될 것이

---

* 오늘날의 우즈베키스탄.

** 무자파르 아흐메드(1889~1973): 인도 벵갈의 정치인, 언론인, 공산주의자.

*** 힌두스탄Hindustan: 현재의 인도.

다. 수백만 명의 프롤레타리아 무슬림은 서구 제국주의만큼이나 제국주의적 범이슬람주의에 별로 끌리지 않는다는 점을 인식하자.

이 글은 10월에 쓰여졌다. 다음 달 탄 말라카는 코민테른 4차 대회를 준비하느라 바빴다. 그는 코민테른에 범이슬람주의와 공산주의 사이의 긴밀한 협력 문제를 다루자고 제안했다. 아주 명백한 이유로 불편함이 존재했고, 이는 무슬림 성직자의 아주 보수적인 태도와 관련이 있었다. 이는 결국 그들 사회에서 반동적 세력과의 계급 동맹으로 귀결됐다. 토론에서 보다 강력하게 반제국주의적인 성직자를 고려할 여유는 없었고, 그들도 봉건적 사회 문제에 항상 민감하지 않았다. 이들은 19세기의 반제국주의 활동가인 자말 알딘 알아프가니Jamal al-din al-Afghani*가 되살린 과거의 네트워크가 됐다. 탄 말라카는 이 사람들과 네덜란드령 동인도제도(인도네시아)의 이슬람주의 무역조합Sarekat Islam**에 대해 알고 있었고, 그들은 한동안 인도네시아공산당의 중요한 동맹자였다.

인도네시아에서 히바까지 이 혁명가들에게 식민주의는 혐오의 대상이었다. 그들은 노동자와 농민이 자신의 운명을 통제하는 자유의 세계를 갈망했다. 술탄-갈리예프는 신생 소비에트 연방이 '유럽 사회의 한 계급을 그 적들의 전 세계적 독재, 즉 이 동일한 사회의 다른 계급으로 대체'해서는 안 된다고 경고했다.

---

* 자말 압딘 알아프가니(1838~1937): 19세기 말의 이슬람 활동가이자 이슬람 이론가. 범이슬람의 단결을 주장했다.

** 인도네시아 고유의 바틱 염색 직물을 거래하는 자바인 무역업자들의 조직.

그런 교환은 '인류의 피억압 부분의 상황에 중요한 변화를 가져오지 않을' 것이다. 이것은 많은 러시아인들이 배우지 못한 교훈이었다. 그것은 소비에트 아시아와 소비에트 유럽의 수도들 사이에서 벌어질 수십 년간의 투쟁의 토대가 된다.

몽골의 붉은군대 기병대.(1919)

제국주의의 적

10월 혁명과 공산주의 운동은 1928년 코민테른이 표현한 것처럼, '민중들이 이들을 제국주의 가장 결정적인 적이라고 보았기' 때문에 호소력을 가졌다. 그러나 코민테른이 걱정한 것처럼, 단순히 식민 지배의 종식이 공산주의 운동의 전부는 아니다. 공산주의 운동은 필연적으로 유럽의 부르주아지와 열대 부르주아지 모두에 의한 식민지 민족들의 계급적 지배를 종식시킨다는 의미에서 제국주의 종식을 결의했다.

레닌과 볼셰비키는 동요를 이해했다. 노동자와 농민의 2월 혁명은 차르 체제를 타도했다. 이어진 알렉산드르 케렌스키 정부는 러시아 자본주의를 통해 제국주의의 촉수에 걸려들었다. 러시아 자본가들은 제국주의에 대해 종속적 지위에 있다. 《러시아 혁명사》에서 레온 트로츠키는 한편에서 러시아 전제정과 다른 한편에서 러시아 부르주아지는 '훨씬 더 극명하게 표현되는 매판성의 특징을 갖는다.'고 썼다. '그들은 외국 제국주의와 연결 속에서 살아가고 성장하며, 그들에게 봉사하며, 그들의 지원이 없으면 생존할 못할 것이다.' 트로츠키는 그 당시 급진주의 서클에서 흔히 사용되는 매판성compradorism이라는 단어를 사용했다. 그것은 포르투갈이 아시아의 항구들을 지배하던 시절에 나온 용어다. '매판'comprador은 아시아 사회 출신의 구매자로, 항구에서 살면서 포르투갈인의 이익을 위해 미리 상품을 구매해 두고 포르투갈 상선이 무역 차익을 위해 상품을 선적하러 올 때까지 상품을 보관했다. 아시아의 마르크스주의자들은 이 단어를 차용해 기생적 토착 부르주아지를 지칭할 때 사용했다. 매판 자본가는 자신의 이익이 아니라 **궁극적으로** 제국주의의 이익을 위해 움직인다. 러시아 부르주아지는 식민지·반식민지 세계의 다른 부르주아지처럼 자신의 이해보다는 제국주의의 이해를 더 고려했다.

러시아 부르주아지는 러시아 내에서 유럽 제국주의의 초청자였지만, 동시에 그들은 만주, 몽골, 페르시아에서는 자신의 제국 프로젝트를 추구했다. 케렌스키가 러시아 부르주아지와 대립하지 않고 서구 제국주의에 굴복하려고 했기 때문에, 케렌스키의 정부는 결국 혁명을 배신하게 된다. 그것이 바로 1917년 그의 정부가 타도되어야 했던 이유이다. 또 이는 볼셰비키가 반식민 투쟁에 들어갈 때 교훈을 배울 수 있었던 이유이기도 했다. 식민지의 민족 부르주아지는 본능적으로 식민 지배에 반대하지만, 그들이 반드시 제국주의에 반대하는 것은 아니다. 그들의 계급적 배신은 민족운동 내에서 저지해야 했다.

민족주의적 반식민운동의 지도부가 반드시 투쟁의 경로에 머물 의지를 갖지는 않았다. 코민테른은 '당의 수많은 이런 지지자들이 혁명 투쟁의 과정에서 프롤레타리아의 계급적 관점에 도달할 것이지만, 다른 부분은 그 목적을 위해, 프티부르주아지의 분위기, 동요, 미온적 이데올로기로부터 자신을 해방시키는 것이 어렵다고 생각할 것'이라고 지적했다. 민족주의적 부르주아지는 케렌스키 정부처럼 우유부단하며, 독립 민족으로 일정한 위엄은 원하지만, 동시에 강력한 제국주의 블록에 맞서 완전한 자유를 위해 투쟁할 의사는 없다.

코민테른에서 민족 부르주아지에 반대하는 입장은 이란 공산주의자 아베티스 술탄-자데Avetis Sultan-Zade*가 확고하게 표현했다. 그는 1912년 상트페테르부르크에서 공부하던 중 볼셰비키 당에 가입했다. 혁명 후에 술탄-자데는 페르시아로 돌아가 북부 지역에서 공산주의 운동을 건설하기 위해 활동했고, 중앙아시아에서는 페르시아 이주 노동자들 사이에서 활동했다. 그는 마르크스주의의 영향을 받은 페르시아 정당인 아달랏Adalat 당**에 가입했고, 이 당은 나중에 페르시아공산당이 됐다. 술탄-자데는 심지어 당내에서도 즉각적인 토지개혁에 헌신하지 않고 제대로 정리된 사회적 의제조차 없는 민족주의자들과 협력하길 갈망하는 사람들이 있다고 봤다. 일정한 영향력을 가진 코민테른에서, 술탄-자데는 독립적 공산당을 민족주의 물결에 해소시키는 위험에 대해 경고했다 공산주의자는 민족주의 운동에 중심적으로 참여해야 하지만, 조직적 독립성을 유지해야 한다. 1920년 11월 술탄-자데는 '계급투쟁이 진화하면 가까운 미래에 식민지 국가의 부르주아지는 모든 혁명적 사상을 포기하지 않을 수 없을 것'이라고 말했다.

---

* 아베티스 술탄-자데(1889~1939): 이란의 경제학자이자 공산주의자, 페르시아공산당의 창건자.

** 페르시아의 마르크스주의 정당, 정의당이란 뜻.

술탄-자데는 경험을 가지고 이렇게 말했다. 코민테른 집행위원회에서 일하려고 간 모스크바에서 그는 이집트에서 터키, 페르시아에서 민족주의 지도자들이 공산주의자들을 탄압하고 그들을 감옥이나 교수대로 보내는 것을 지켜봤다. 그에게는 M.N. 로이가 동맹자였고, 로이 역시 반식민 투쟁에서 민족 부르주아지에 대해 회의적이었다. 1924년 이집트 총리가 되자 사드 자글룰 파샤는 이집트공산당 중앙위원회 전원을 체포했다. 그들은 파샤의 와프드 당과 함께 1919년 봉기에서 영국 제국주의에 맞서 투쟁했었다. 1925년 레자 칸Reza Khan* 은 페르시아에서 권좌에 오르자, 페르시아공산당의 지도부를 체포했고 당을 파괴했다. 터키에서 케말 아타튀르크Kemal Ataturk** 는 소비에트의 지원과 공산당의 지지를 받았지만, 1922년까지 권력을 공고화하자, 과거의 공산주의 동맹자들을 탄압했다.

그러나 중국의 사건만큼 극적인 것은 없었다. 거기에서 민족주의적 국민당Kuomintang: KMT*** 은 1927년 공산주의자들을 학살했다. 그러면서도 국민당은 모스크바와 밀접한 관계를 원했고, 후한민胡漢民**** 을 대표로 보내 코민테른 가입을 신청했다. 후한

* 레자 칸(1877~1944): 이란 팔라비 왕조의 초대 국왕, 레자 샤 팔레비라고 불리며 재임 기간은 1925~41년. 2차 세계대전 중 나치에 접근했다는 이유로 연합국의 압력을 받고 사임했다.

** 케말 아타튀르크(1881~1938): 터키의 육군 장교, 혁명가. 터키 공화국의 건국자이자 초대 대통령. 재임 기간은 1923~38년.

*** 1911년 신해혁명 직후 쑨얏센 주도로 설립된 당. 장제스가 1926년부터 1975년까지 이끌었다. 중국 혁명으로 타이완으로 쫓겨났다.

**** 후한민(1879~1936): 중국의 정치가, 국민당 우파의 지도자.

민은 영리하게 자신이 '국민당의 혁명적 경향'으로부터 왔고, 반동을 저지하기 위해 코민테른의 도움이 필요하다고 암시했다. 그는 모스크바 측에 중국공산당은 불필요하다고 말했다. 코민테른은 단지 국민당 좌파를 건설하면 된다. 코민테른은 이를 거부했지만, 소비에트 연방은 국민당에 상당한 지원을 제공했고 국민당은 세력을 키울 수 있었다. 공산당은 너무 작아서 코민테른의 모든 에너지를 흡수할 수 없었다. 1926년 9월 국민당은 1910년대에 공산당 창건자인 첸두슈陳獨秀*와 모스크바에서 마르크스주의를 공부했던 언론인 사오리쯔邵力子를 파견했다. 사오리쯔는 모스크바에서 환심을 사려 했지만 실패했다. 소비에트 연방은 국민당을 도왔지만, 공산당 해체를 요구할 의향이 전혀 없었다. 1927년 4월 국민당이 공산주의자들을 배신하자, 국민당과 코민테른의 이런 줄다리기는 끝났다.

코민테른이 1921년 중국공산당 창건 이후 중국 공산주의자들에게 국민당과 거리를 두라고 지침을 내려야 했을까? 제국주의에 맞선 모든 민족주의 부문과의 통일 행동을 위한 기초는 1916년 레닌이 제시했다. '**오늘날** 주요한 것은 제국주의 열강, 제국주의적 부르주아지와 사회 제국주의자들의 통일된 연합 전선에 맞서는 것이며, 사회주의 혁명의 목적을 위해 제국주의에 맞선 **모든** 민족주의 운동을 활용하는 것이다.' 목적은 여전히 '사회 혁명'이지만, 노동계급의 취약성은 민족 투쟁에서 모든 계급들과의 동맹을 필요로 했다. 소비에트는 제국주의의 힘을

---

* 첸두슈(1879~1942): 신해혁명과 5.4 운동의 지도자. 중국공산당의 설립자. 1921~27년 총서기를 맡았다. 1929년 당에서 제명당했다.

충분히 이해했다. 10월 혁명 직후부터 영국에서 미국까지 **모든** 제국주의 열강은 백군이 진격해 노동자 국가를 타도하도록 무기와 장비, 정신적 지원을 제공했다. 알렉산드르 콜차크Alexander Kolchak* 제독이나 안톤 데니킨Anton Denikin** 장군이 이끄는 백군은 제국주의의 지원 없이 전쟁을 진행할 수 없었을 것이다. 이제 소비에트에 의해 토지를 갖게 된 어떤 농민도 귀족들이 자유롭게 권좌에 복귀할 수 있도록 싸울 의사가 없었다. 영국 정부에 영향력을 가진 윈스턴 처칠은 "볼셰비키를 인정하느니 수간sodomy을 합법화하는 게 낫다."고 말했다. 처칠은 공산주의에 반대하는 광신적 견해를 가졌다. 다른 사람들도 처칠에 전적으로 반대하지는 않았다. 그들을 중단시킨 것은 거대한 전쟁으로 인한 영국과 다른 열강의 국고 고갈이었다. 소비에트 연방에 대한 제국주의적 침략은 일종의 대화나 민주주의 수출이 아니었다. 이것은 신생 정부에 대한 무장 행동이었다. 제국주의의 잔인성은 콩고에서 벨기에인들이 벌인 야만 행위에서 1911년 이탈리아인의 리비아인 탄압, 카리브해에서 동남아시아까지 영국과 네덜란드, 프랑스의 가혹한 처우 등으로 모든 대륙에서 드러났다. 레닌은 이런 폭력에 맞서 모든 민족적 계급들이 단결해야 한다고 경고했다.

레닌은 만약 공산주의자들이 민중의 신뢰를 쌓고자 한다면, 그들이 제국주의적 개입에 맞서 민중의 단결을 약화시킬 가능

* 알렉산드르 콜차크(1874~1920): 러시아 해군 제독, 내전 당시 시베리아에서 반볼셰비키 백군을 이끌었다.

** 안톤 데니킨(1872~1947): 러시아 육군 중장. 반혁명 백군의 지도자.

성을 조심하라고 충고했다. 그것은 엄청난 일이었다. 그러나 민중과 함께 한다는 것이 포퓰리즘 정치를 채택하는 것, 즉 민중이 갖는 사회적 견해이면 무엇이든 되풀이하는 복화술사의 허수아비가 되는 것을 의미하지는 않는다. 공산주의자들은 자신의 가치를 견지하되, 이 가치가 민중의 상식으로부터 너무 멀어지게 해서는 안 된다. 이것은 까다로운 문제이며, 솜씨와 요령이 필요했다. 바로 이것이 1921년 11월 몽골인민당이 당명을 공산당으로 바꾸는 것을 중단한 이유이다. 레닌은 당이 민중의 일반적 의식을 앞서 나가서는 안 된다고 말했다. 프롤레타리아트가 자신감을 발전시켜 민중운동을 형성하기 시작할 때에야 비로소 인민당은 공산당이 되어야 한다. 레닌은 몽골 대표단에게 "단순한 표지판 교체는 해롭고 위험하다."고 말했다. 몽골인들은 이미 그해 7월에 혁명을 완수했다. 3년 뒤인 1924년 새로 이름을 바꾼 몽골인민혁명당Mongolian People's Revolutionary Party이 코민테른에 가입하게 된다. 이들은 **공산주의**라는 단어 대신에 **혁명적**이란 단어를 사용했다.

몽골인들은 자신의 혁명 이론과 정책을 생산할 공간을 원했다. 그러나 소련의 물자 지원에 의존했기 때문에 이는 독자적 발전을 위한 소련 정책에 대한 의존과 뒤섞였다. 모두 제국주의의 개입에 대한 두려움 때문이었고, 근거가 없지 않았다(1921년 로만 폰 웅게른-스테른베르크 백작Baron Roman von Ungern-Sternberg*

* 로만 폰 웅게른-스테른베르크 백작(1886~1921): 오스트리아 출신 러시아 장군. 백군에 가담했다가 패배한 이후, 몽골을 침략했다. 1921년 시베리아로 들어갔다가 체포돼 처형당했다.

의 침략이 보여 주듯이 말이다). 크렘린에 대한 울란바토르의 의존은 혁명운동을 자신의 역사 위에 세우고 사회주의 이론과 실천의 독자적 역량을 건설할 능력을 제한했다. 발전에 대한 편협한 견해는 목축 경제를 왜곡했고, 이는 동물을 보살피는 목동의 능력을 침해했다. 중국으로의 대량 이주와 1931~32년 반란은 그 명백한 결과였다. 또 다른 것은 허를러깅 처이발상Khorloogiin Choibalsan* 아래로 지배가 집중화된 것이었고, 그는 몽골의 역사가 아니라 모스크바로부터 자신의 지도력을 주장했다.

몽골인들이 레닌을 보러 온 지 불과 몇 년 만에, 탄 말라카는 코민테른이 중국과 네덜란드령 동인도제도(인도네시아)에서 혁명 정치를 과도하게 통제한다고 신랄하게 썼다.

> 모스크바의 지도부는 오직 러시아에 대해서만 훌륭하다. 독일, 이탈리아, 불가리아의 사례에서 보듯이, 모스크바의 지도부가 다른 나라에서 실패했음이 증명됐다. 제3인터내셔널(코민테른) 전체는 러시아의 이익 위에 세워졌고, 특히 젊은 동유럽 지도자들은 맹목적 숭배로 넘어가거나 독립성을 상실하는 경향이 있다. 그 결과 그들은 러시아 민중들과 다른 욕구를 가진 자기 대중들과의 접촉을 결여하게 될 것이다.

탄 말라카는 만약 모스크바에 대한 이런 비판 때문에 그와 인도네시아 공산주의자들이 레온 트로츠키의 제4인터내셔널로 기울 수 있느냐는 질문을 받았다. 당시 이오시프 스탈린과 투쟁

* 허를러깅 처이발상(1885~1952): 몽골인민공화국의 공산주의 지도자.

을 벌이던 말라카는 대답했다. '인도차이나의 여러 나라의 민중들은 스탈린과 트로츠키 사이의 투쟁의 결말을 기다릴 필요 없이 이미 할 일이 충분하다.' 이것은 대부분의 반反식민지 나라에서 보인 태도였다. 많은 개인들이 10월 혁명에서 트로츠키가 한 역할과 붉은군대 건설 사업 때문에 그를 찬양하고, 일부는 심지어 소비에트 연방의 관료주의 경향에 대한 그의 비판에 동의했다. 그러나 그것으로는 소비에트 연방과 결별하기에 충분치 않았다. 소비에트 연방이 자신의 운동에 중요한 영감과 필요한 자원을 제공했기 때문이다. 트로츠키주의는 스리랑카, 볼리비아, 아르헨티나와 소수의 지식인을 제외하면 제3세계에서 아주 작은 영향력을 가졌다. 반反식민 민족 국가들(비동맹운동을 형성한 국가들)과 이후에 쿠바 혁명에 대한 트로츠키주의의 비판은 제3세계 공산주의자들에게서 그들 자신을 소외시켰다.

반식민지 민족주의를 쉽게 비난할 수 없다. 레닌은 반식민 민족주의의 여울을 항해하는 것이 '어려운 과제'라고 인정했다. 그런 문제는 조심스럽게 다뤄야 한다. 반식민운동에서 급진주의자들에게 대답을 주는 '공산주의 소책자'는 없다. 그들은 투쟁에 몸을 던져 거기에서 자신의 답을 찾아야 할 것이다. 때로는 운동이 답을 찾았다. 때로는 이 급진주의자들은 불가능한 공식을 찾으려 했다.

호세 카를로스 마리아테기

동양 마르크스주의

인생의 말년에야 카를 마르크스는 유럽의 해변을 떠나 식민 지배 아래 있는 나라를 여행했다. 1882년은 마르크스가 알제리로 갔던 시기였다. 마르크스는 '무살만Mussalman* 같은 자들에게 종속 같은 것은 없다.'라고 딸 라우라 라파르그Laura Lafargue에게 썼다. '진정한 무살만'에게는 불평등이 혐오이지만, 이 감정은 '혁명운동이 없다면, 망가질 것'이라고 마르크스는 느꼈다. 혁명적으로 이해되는 운동은 불평등에 반대하는 이런 문화적 감정이 있는 곳에서 쉽게 성장할 수 있을 것이다. 마르크스는 알제리나 이슬람에 대해 더 이상 쓰지 않았다. 이것은 아버지가 딸에게 알려 준 관찰 소감일 뿐이다. 그러나 이것은 마르크스의 감성에 대해서 아주 많은 것을 말해 준다.

마르크스주의에는 어떤 사람이 인종적으로 또는 사회적으로 열등하기 때문에 지배를 받아야 한다는 생각이 들어설 여지가 없다. 사실, 마르크스주의는 마르크스의 초기 저작 이후로 항상 인간의 자유를 보편적 목적으로 이해했다. 인간 노예제와 인간 존재가 임금 노예로 전락한 것은 마르크스 안에서 예언적 분노를 일깨웠다. 《자본》에서 마르크스의 가장 유명한 문구 가

* 중앙아시아나 남아시아에서 이슬람을 부르는 명칭.

운데 하나는 '자본주의 생산 시대의 장밋빛 새벽'을 무균 상태의 은행이나 공장에서 발견할 수 없다는 지적이다. 자본주의의 기원은 다른 과정 가운데에서, '광산에서 원주민의 절멸, 노예화와 매장, 동인도제도에서 정복과 약탈의 시작, 검은 아프리카의 검은 피부에 대한 상업적 사냥터로의 전환'에서 발견해야 한다. 자본주의는 인류의 타락에 의해 성장했고 유지됐다. 그렇다면 반식민주의가 마르크스주의 운동에서 그렇게 중요한 역할을 하는 것은 놀라운 일이 아니다.

마르크스주의가 마르크스가 처음 이론을 발전시킨 영역 밖으로 여행을 떠날 때, 이 사상은 레닌이 '마르크스주의에서 가장 본질적인 것, 마르크스주의의 살아 있는 영혼, 구체적 상황에 대한 구체적 분석'이라고 부른 것에 관여해야 했다. 이 공식은 네덜란드령 동인도제도(인도네시아)에서 안데스까지 가치 있는 것이었다.

안데스(남아메리카)에서 가장 위대한(하지만 가장 덜 알려진) 마르크스주의 사상가인 호세 카를로스 마리아테기José Carlos Mariátegui*는 1928년에 이렇게 썼다. '우리는 아메리카의 사회주의가 모사와 모방이길 원치 않는다. 그것은 영웅적 창조가 되어야 한다. 우리는 우리 자신의 현실에, 우리 자신의 언어로 인도아메리칸 사회주의에 생명을 불어넣어야 한다.' 마리아테기는 무엇을 했는가? 그는 자신의 마르크스와 자신의 레닌을 읽었고, 안데스의 사회 현실을 깊이 연구했다. 레닌의 노동자-농민

* 호세 카를로스 마리아테기(1894~1930): 페루의 지식인, 마르크스주의의 라틴아메리카화(인도아메리칸 사회주의)를 추구했다.

동맹 이론은 그의 마르크스주의에 근본적 추가사항을 제공했다. '1920년대의 페루 같은 농업 국가에서 사회주의 혁명은 낡은 형태의 경제적 착취를 계속 살려 놓는 데 책임이 있는 라티푼디스타스latifundistas(대규모 토지 소유주)의 권력에 도전하고 있는 원주민 농촌 공동체의 반란적 동원을 고려하지 않으면 상상하기 불가능했다.'고 그는 썼다. 생산하는 계급 사이에서 페루 변화의 주체는 인구가 주로 인디오Amerindian인 원주민 공동체를 포함해야 했다. 리마의 소규모 산업 부문에서만 반란자를 찾는 것은 한 손을 등 뒤로 묶고 자본과 전투에 들어가는 것과 마찬가지일 것이다. 이것은 노동자와 농민의 단결을 위한 레닌의 호소를 받아들인 반향이지만, 이제 그 틀에 원주민 공동체를 포괄한다.

원주민 공동체는 사회주의 혁명을 수행할 수 있었는가? 마리아테기가 글을 쓴 1920년대에, 농촌 공동체에 관한 지배적인 지적 유행은 원주민주의indigenismo 또는 인디오성Indianness이었다. 즉 이는 인디오의 문화적 형태를 부활시키고 기념하지만 그들의 변혁적 잠재력을 탐색하려고 하지 않는 경향을 의미한다. 원주민주의는 인디오의 엄니를 뽑아내고 그들을 역사의 생산자가 아니라 문화적 생산자로 낭만적으로 이해했다. 마리아테기는 그들의 역사를 더욱 생동감 있는 방식으로 재해석했으며, 사회 변혁의 원천으로서 잉카의 원시적 사회주의와 라티푼디스타스에 대한 현재의 투쟁을 바라봤다. '공산주의적 잉카 전통 테제는 고대 잉카의 공동체적 생활방식과 미래의 페루 공산주의 사회 사이의 역사적 연속성에 대한 옹호'라고 그는 썼다. 마리아테기의 안데스 사회주의는 결코 과거의 회복, 고대 잉카 세계의 원시적 공산주의의 회복이 아니었다. 1928년 그는 이렇게 썼다. '페루의 과거는 페루의 현재를 설명할 수 있는 만큼 우리의 관심을 끈다. 건설적 세대는 과거를 기원으로 생각하지, 결코 프로그램으로 생각하지 않는다.' 달리 말해서, 과거는 원천이지 운명이 아니다. 과거는 우리에게 무엇이 가능한지 상기시키며, 그 흔적은 우리에게 현재 식민지의 사적 소유관계에 맞선 투쟁에 옛 공동체주의communitarianism의 요소들을 이용할 수 있음을 보여 준다. 마르크스주의가 제3세계로 왔을 때 그것은 유연하고 정확해야 했다. 또한 맥락으로부터 배우고, 자본주의가 새로운 장에서 어떻게 변형되는지 이해해야 하고, 역사를 추동할 사회변혁을 위한 방식을 탐색해야 한다.

코민테른은 유연하려고 노력했지만, 세계에 대한 제한된 지식으로 인해 너무나 교조적이어서 항상 유용하지는 않았던 결말로 끝났다 1920년대 후반 코민테른은 미국 남부에서 흑인 벨트, 남아프리카에서 토착민 공화국, 남아메리카 안데스 지역에서 인디오 공화국의 창조를 제안했다. 모스크바에서 보면, 민족 이론이 이 먼 나라에 쉽게 이식될 수 있는 것처럼 보였다. 남아메리카의 경우 그 이론은 1929년 6월에 부에노스아이레스에서 열린 제1차 라틴아메리카 공산주의 회의에서 논의됐다. 여기에서 격렬한 논쟁이 발생했고, 코민테른이 선호한 입장은 마리아테기의 동료들에게 반대에 부딪혔다. 마리아테기는 이렇게 썼다. '인디오 인종으로부터 자치 국가를 건설한다고 인디오 프롤레타리아트 독재로 이어지지는 않을 것이며, 계급 없는 인디오 국가를 형성하는 것으로는 더더욱 불가능할 것이다.' 창조되는 것은 '다른 부르주아 국가의 모든 내·외적 모순을 가진 인디오 부르주아 국가'이다. 선호되는 선택은 '피착취 원주민 대중들의 혁명적 계급 운동'일 것이며, 그것은 그들이 '자기 인종의 진정한 해방을 향한 경로를 열어 줄' 유일한 방법이다. 목적과 전략에 관한 논쟁은 아주 격렬해서 이것이 유일하게 개최된 라틴아메리카 공산주의 회의가 됐다. 마리아테기는 '원주민 프롤레타리아트는 그들의 레닌을 기다리고 있다.'고 썼다. 그가 의미하는 바는 레닌 자체가 아니라, 과거와 현재의 완고한 구조에 맞서 그들을 인도하는 운동 가운데 등장할 수 있는 이론을 의미했다.

이것은 항상 배웠던 교훈이 아니었다. 그러나 이것은 이제 우리가 배워야 할 교훈이다.

남부디리파드E.M.S. Namboodiripad*는 마리아테기보다 10년 뒤에 태어나 그보다 수십 년을 더 살았다. 그는 창조적 마르크스주의자였을 뿐만 아니라, 인도 공산주의 운동의 지도자였다. 말라바르** 임대차조사위원회Malabar Tenancy Enquiry Committee에 제출한 1939년 보고서에서 1970년대 카스트와 계급에 관한 논문까지, 남부디리파드는 마르크스주의 방법을 탐구해 인도의 역사와 사회를 해석했다. 마르크스가 설명한 역사 서술인 역사적 유물론에서는 사회가 두 단계를 통해, 즉 노예제에서 봉건제로 그리고 봉건제에서 자본주의로 이동하며, 자본주의에서 사회주의

* 남부디리파드(1909~98): 인도의 공산주의 정치인, 1957~59년과 1967~69년에 케랄라 주 총리를 역임했다. 1964년 인도공산당(CPI)에서 탈당해. 인도공산당(마르크스주의파)[CPI-M]을 결성했다.

** 인도 서부 해안 지역을 가리키는 명칭으로 현재 케랄라 주와 카르나타카 주를 포함한다.

로 이행하는 미래의 단계를 기대한다. 이와 같은 일은 인도에서 전혀 일어나지 않았다. '인도는 동일한 낡은 질서에 여전히 묶여 있고, 그 아래서 압도적 다수의 민중은 억압받는 후진적 카스트에 속했다. 이것이 마르크스가 인도를 **변하지 않는** 사회라고 불렀던 것의 본질이며, 거기에서 촌락들은 더 높은 수준의 전쟁과 변동에 영향을 받지 않았다.'라고 남부디리파드는 썼다. 카스트 사회와 브라만주의Brahmanism*의 헤게모니는 인도 사회에 가장 유해한 영향을 미쳤다. 카스트 제도는 피억압 대중들을 노예 상태를 유지했고, 브라만주의의 이데올로기적 헤게모니는 과학 기술의 지속적 정체, 따라서 궁극적으로 생산력의 정체라는 결과를 낳았다. 이 과정은 인도를 약화시켰고, 유럽 제국주의에게 문을 활짝 열어 줬다. 남부디리파드가 표현하듯이 '브라만 대군주의 손에 의한 피억압 카스트의 패배, 관념론에 대한 유물론의 패배는 인도 문명과 문화의 몰락의 시작이었고, 결국 민족 독립을 상실하는 것으로 귀결되었다.'

8세기 아디 샹카라** 시대로부터 인도 역사의 정체는 카스트에 기반한 봉건 사회에서 봉인되었다. 종교적 정당화에 기반한 이 카스트 질서는 모순을 통제할 수 있었다. 이는 반란을 통한 카스트 질서에 대한 도전이 인도 역사를 통틀어 계속 일어났음에도, 어떤 반란도 카스트를 정면으로 공격해 실질적 방식으로 카스트 위계제를 파괴할 수 없었다는 것을 의미한다. 영국 식민주의나

---

* 카스트의 최상위 계급인 브라만의 지배 체제.

** 8세기 인도의 철학자. 남부 인도에서 출생하여 베다를 학습하고 여러 지방을 돌아다니면서 여러 가지 기적을 행했다.

포스트 식민 국가의 인도 부르주아지도 실질적으로 카스트를 분쇄할 의향이 없었다. 봉건 지주가 자본주의적 지주로 전환한 것과 소작 농노가 농업 프롤레타리아트로 전환한 것이 봉건제의 중추를 파괴하지는 못했다. 변혁은 단지 카스트에 기반한 봉건 질서 위에 자본주의적 질서를 겹쳐 놓았을 뿐이다. 남부디리파드가 썼던 것처럼, '인도에서 전前자본주의 체제의 수많은 착취 형태는 지속되고 있다. 일부는 원래 형태로, 일부는 변화된 형태로 지속되고 있다. 자본주의 발전의 결과로 이것들과 나란히 새로운 착취 체제가 존재한다.' 농업 프롤레타리아트는 낡은 봉건적 관계 때문에 극심한 궁핍화를 경험한다. 들판의 가난한 사람들은 더욱 가난해지고, 낡은 봉건적 관습 덕분에 지주들은 모든 농업의 부담을 노동자들에게 전가하면서도 모든 이윤을 챙길 수 있고, 그 가운데 어떤 식으로든 농업 현대화에 재투자되는 것은 거의 없다.

식민주의와 민족 부르주아지가 양성한 전 자본주의적 사회구성은 독립 인도의 민중운동에 의해 체계적으로 해체되어야 했다. 남부디리파드는 인도 사회 내에서 잠재력을 추적했고, 사회 진보의 기회와 그에 맞선 제동장치를 찾았다. 인도 사회에서 카스트의 특수한 억압과 종교적 다수주의majoritarianism*를 인식한 남부디리파드는 바로 이런 노선에 기초한 민중의 조직화에 반대해 투쟁했다. 카스트 노선에 따라 카스트 억압과 투쟁할 수 없다. 그 대신에 인도 사회에서는 카스트 억압에 대해 카스트의 특수한 역할을 이해하고 강조하는 통합적 계급 조직들로 민중

* 인구의 다수가 믿는 종교의 힘으로 사회 전체를 지배하는 논리.

을 조직함으로써 투쟁해야 했다. 그는 이를 카스트와 계급에 관한 자신의 에세이에 썼다.

> 우리는 그때에도, 그리고 여전히 두 전선에서 전투를 수행해야 한다. 한편에서 우리를 노리는 자들은 이른바 '민족주의와 사회주의의 원칙으로부터 이탈'을 이유로 우리를 비난한다. 우리가 피억압 카스트와 종교적 소수파의 '종파적' 대의를 옹호하고 있기 때문이다. 다른 한편, 피억압 카스트 대중들을 방어한다는 명분으로 카스트, 공동체 등과 관계 없이 노동 민중의 단결된 투쟁의 주류로부터 사실상 그들을 고립시키는 사람들도 있다.

그러나 단결을 강조하는 것이 피억압 카스트, 여성, 아디비시들Adivasis*, 다른 위계제의 폭력과 나란히 계급적 위계제의 폭력을 경험한 사람들이 경험한 사회적 모멸의 문제를 해소해 버리는 것을 의미하지는 않는다. 이 문제들은 의제로 상정돼야 했다. 인도 공산주의 운동이 모든 피착취 민중이 단결할 필요성과 사회적 분열의 노선에 따라 일정한 종류의 억압을 특별히 강조할 필요성 사이에서 정확한 균형을 취하는 데 수십 년이 걸렸다. 인도 공산주의가 제시한 최초의 조직적 경로는 계급 조직들을 이용해 카스트 억압, 종교적 다수주의, 봉건적 남성중심주의를 공개적으로 공격하는 것이었다. 그러나 곧 이것만으로 충분하지 않다는 것이 분명해졌다.

---

* 남아시아에서 원주민 부족을 부르는 이름. 특히 인도와 네팔에서는 소수민족을 가리킨다.

노동계급이 노동자 자체만으로 다른 표식이 없는 집단으로 구성된 것은 아니다. 노동계급은 사회적 위계와 경멸의 경험을 가진 사람들로 구성돼 있고, 그런 위계제에 맞선 그들의 투쟁을 특별히 강조할 필요가 있다. 이것이 바로 인도 공산주의가 결국 전 인도 민주여성협회AIDWA: All-India Democratic Women's Association와 타밀나두 불가촉교육전선Tamil Nadu Untouchability Eradication Front 같은 조직 형태를 발전시킨 이유이다. 이런 조직들은 좌파의 계급적 요구와 나란히 투쟁할 필요가 있는 특수한 위계제에 관심을 집중했다. 이 점은 인도공산당CPI-M의 지도자이자 AIDWA의 전 회장 브린다 카라트가 분명히 했다.

> 계급에 대한 기계적 이해는 자주 문제를 일으킨다. 마르크스가 '전 세계의 노동자여, 단결하라!'라고 말했을 때, 이를 남성노동자들에게만 말한 것은 아니었다. 우리는 여성노동자들이 직면하고 있는 다양한 형태의 이중 부담을 우리 투쟁의 필수적 부분으로 통합시킬 수 없었다. 모든 성공적 혁명은 혁명에서 일하는 여성의 결정적 역할을 보여 줬다. 우리는 러시아의 2월 혁명이 여성노동자들의 거대한 거리 시위로 시작했다는 것을 알고 있다. 인도에서 우리가 경험한 것으로는 노동계급 내부에 성 이외에도, 카스트에 기초한 추가적 억압과 차별에 직면한 부분들이 존재한다는 점이 있다. 그들과 함께 또 이른바 불가촉천민, 달릿의 커다란 부분이 사회적 사다리의 가장 낮은 계단에 속해 있다. 카스트는 달릿의 잉여가치 수탈을 강화하는 수단으로 작동한다. 다소 비슷하게 아디비시(부족 공동체)의 권리에 대한 공격이 이뤄지는데, 기업의 토지와 숲 강탈,

역사, 문화, 언어, 생활방식의 파괴 등으로 자행되고 있다. 인도에서 출생에 기반한 달릿에 대한 위계적 카스트 제도 또는 원주민 노동자들이 직면한 특수한 문제에 동시에 도전하지 않으면 어떤 계급투쟁도 성공할 수 없다. 다른 나라에서도 인종, 종적 차별 또는 이주민에 대한 차별에서 마찬가지 원칙이 적용될 것이라고 생각한다. 이런 측면은 지난 세기에 발전했고, 이런 측면을 무시하는 노동계급 투쟁은 인종주의적 또는 카스트주의적이란 정당한 비판에 자신을 노출시켜 결국 스스로에게 피해를 주고 자신을 약화시킨다. 따라서 계급의식은 노동자들이 자신의 카스트와 인종적 기원 때문에 또는 자신의 성 때문에 직면하는 구체적 착취에 대한 의식을 반드시 포함해야 한다.

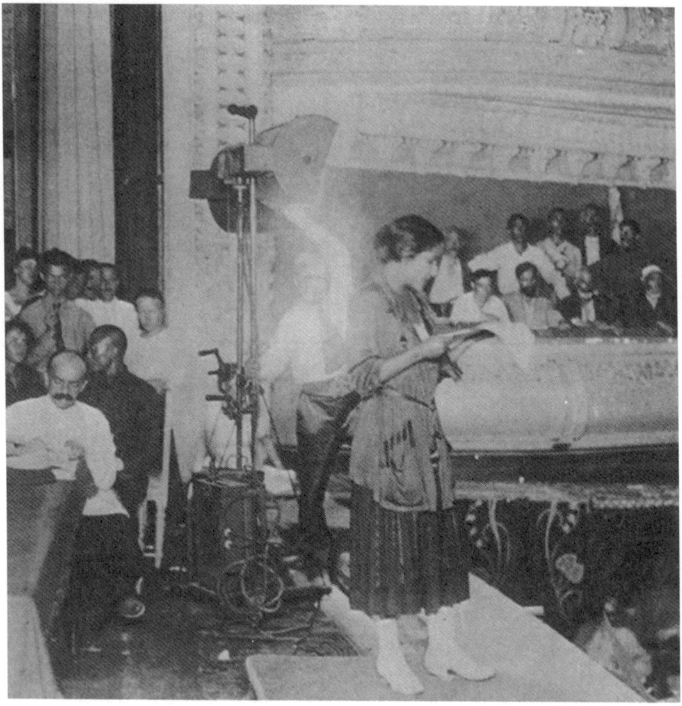

바쿠에서 열린 동방노력자대회에 참석한 나시예 하님.(1920)
출처: La Chaux-de-Fonds Mèropole Horlogèe (스위스)

새벽을 보다

이스탄불 출신 교사인 터키 공산주의자 나시예 하님Naciye Hanim이 1920년 동방노력자대회에서 나서서 발언하는 일은 쉽지 않았을 것이다. 이 대회는 바쿠에서 열렸고, 바쿠는 타슈켄트와 함께 동방 공산주의의 주축 가운데 하나로 자리 잡았다. 하님은 코민테른 지도부의 노력에도 소수만이 대회에 참여했던 여성들 가운데 한 명이었다. 2000명의 대표단 가운데 여성은 겨우 55명이었다. 그럼에도 코민테른은 여성 2명이 공동 의장으로 남성 2명과 나란히 연단에 앉도록 했고, 여성 3명이 의장단에 선출되도록 했다. 대표단은 코민테른 대표들에게 여성들이 자본의 폭정만큼 '남성의 폭정'을 극복할 필요가 있다는 말을 들었다. 이것은 회의실에서 전적으로 동의하지는 않는 사람들에게 보내는 확고한 메시지였다.

하님은 대표단에게 '여러분의 노력이 아무리 진지하고 아무리 열정적이더라도, 여러분의 사업에 여성이 진정한 조력자가 되도록 요청하지 않으면, 그 노력은 결실을 맺지 못할 것'이라고 경고했다. 그녀는 자기 견해를 누그러뜨리지 않았다. '짐 나르는 동물이 부족해서 여성들이 자신의 노동으로 이를 보충하고 있다는 사실을 여성의 동등한 권리라는 대의에 기여하는 것으로 이해하는 사람들은 우리의 관심을 받을 만한 가치가 없다.' 회의장의 많은 사람들이 열심히 경청했다면, 그녀의 주장에 양심의 가책을 받았을 것이다.

대회 조직가들은 하님의 연설을 마지막 날에 배치했다. 늦은 시간이었다. 사람들은 집으로 돌아갈 생각에 부산스러웠다. 영국인 첩자는 이렇게 회상했다. '많은 격렬한 연설이 이뤄졌지만, 많은 경우 상당수의 무슬림 대표자들이 기도하러 밖으로 나가는 바람에 전반적으로 연설들의 효과는 손상되었다.' 한 대표는 하님의 경고와 같은 기조로 "우리는 우리의 모든 관습과 생활 조건을 공산주의의 틀에 당장 맞출 수 없었다."고 토로했다. 그는 동양은 "서양과 완전히 다르고 그 이해도 완전히 다르다."고 말했다. 볼셰비키 지도자 알렉산드라 콜론타이가 여성 해방의 중요성에 관한 많은 글에서 암시했던 것처럼, 서양도 그렇게 다르지 않았다. 그러나 동양은 하님이 분명히 말한 것처럼 낙원이 아니었다.

하님의 요구 목록은 고려할 필요가 있다. 심지어 오늘날에도 급진적인 목록이 되기에 충분하기 때문이다.

- 완전한 권리의 평등.
- 남성을 위해 세워진 교육·직업 기관에 대한 여성의 무조건적 접근 보장.
- 결혼에서 양성의 평등한 권리.
- 일부다처제의 무조건적 폐지.
- 입법·행정 기관에서 여성 고용의 무조건적 허용.

• 대도시, 중소도시, 마을 등 모든 곳에서 여성의 권리와 보호를 위한 위원회의 설립.

하님은 이상주의자가 아니었다. 그녀는 삶의 현실을 파고들어 더 많은 것을 요구했다. 하님은 서정적으로 연설을 마무리했다. '진실로, 우리는 길 없는 암흑 속을 헤맬지도 모르고, 벌어진 틈 가장자리에 서 있을지도 모르지만, 우리는 두려워하지 않는다. 우리는 새벽을 보기 위해서는 어두운 밤을 지새워야 한다는 것을 알고 있기 때문이다.'

하님의 동맹자는 모스크바에 있었다. 제노트델Zhenotdel*. 바쿠 회의 1년 뒤인 1920년 알렉산드라 콜론타이는 하님의 요구와 같은 것을 소비에트 정책에 상정하기 위해 동방여성대회Congress of Eastern Women를 개최하기를 원했다. 1921년 6월 9~14일 모스크바에서 열린 제2차 국제 공산주의 여성회의에서 '동양 여성'에 관한 토론은 활기가 넘쳤다. 회의의 최종 결의안은 당과 동방 소비에트의 모든 국가 기관에 '여성을 억압하는 모든 편견, 도덕적·종교적 관습에 맞선 투쟁을 수행하고 남성들 사이에서도 이 선동을 수행할 것'을 호소했다. '민중의 문화적 수준'을 향상시키는 주요한 무기는 여성 조합, '여성노동자 클럽'을 건설하는 투쟁이 될 것이다. 이 클럽은 '문화적 계몽의 중심이 되어야 하며, 기관으로서 경험을 통해 여성들이 자신의 주도로 여성 해

* 1919년 여성 볼셰비키 혁명가 알렉산드라 콜론타이와 이네사 아르망이 전 러시아공산당 중앙위원회 산하에 설립했다. 1930년까지 11년 동안 존속했고, 1920년에는 제노트델의 제안으로 낙태가 합법화됐다.

방을 쟁취할 수 있음을 보여 줘야 한다(클럽의 감독 아래 어린이집, 유치원, 문맹퇴치학교 등의 조직화).' 동방 소비에트에서 프롤레타리아 여성은 노동조합과 주부 조합으로 조직되어야 하며, 소비에트 법률에 보장된 평등권 실현을 위해 투쟁할 용기를 가져야 한다. 또한 '동방 민족들의 일상생활에서의 특수성'은 존중되어야 한다고 결의안을 지적했다. 이것은 투쟁을 인종주의적 방식이나 독선적 방식으로 수행해서는 안 되고, 동방의 여성을 자신의 문화적 세계를 혁명하는 투쟁의 최전선에 배치해야 한다는 것을 의미했다.

제노트델의 지도자인 콜론타이는 레닌, 알렉산드르 슬랴프니코프Alexander Shlyapnikov* 등과 함께 제2차 공산주의 여성회의의 결론이 동방 여성 특별 대회의 필요성을 암시한다고 생각했다. 1921년 8월 격렬한 정치국 회의에서 대회의 문제를 제기했다가 표결로 거부되자, 콜론타이는 정부의 비조직성과 그것이 제노트델에 미치는 부정적 효과에 대해 레닌을 비난했다. 콜론타이는 그녀의 좌절을 이렇게 표현했다. '겨울에 우리는 동방 [여성] 대회를 세 번이나 계획했다가 [조직 사무국의] 합의로 세 번이나 취소했다. 나는 이에 대해 알지도 못했고, 제노트델도 취소 사실에 대해 통보 받지도 못했다!' 콜론타이는 소비에트 지도부 가운데 일부의 보수적 견해에 포위되어 있다고 느꼈다. 스탈린이 특히 퉁명스러웠다. 동방여성회의의 필요성에 관해 질문을 받은 스탈린이 대답했다. '왜? 왜 베일을 쓴 여성들을 여기에 끌어

---

* 알렉산드르 슬랴프니코프(1885~1937): 노동자 출신 볼셰비키 혁명가. 혁명 후 노동인민위원. 1920년대 좌익 반대파에 참여했고, 1937년 처형당했다.

동방 소비에트에서 온 여성들에게 둘러싸여 있는 알렉산드라 콜론타이.(1921)

들이는가? 다뤄야 할 문제가 너무 많아질 것이다. 남편들도 항의할 것이다. 아직 너무 이르다. 누가 그들의 문제를 검토하길 원하는가?'

그럼에도 동방여성회의는 열렸다. 주로 동방 소비에트의 여성들을 다뤘다. 회의의 판단은 '지금까지 투르크 여성들 사이에서 사업이 충분히 발전하지 못했다.'는 것이었다. 지역당 위원회는 여성 사업에 '진지한 관심'을 집중시키라는 요구를 받았다. 회의는 동방의 여성들이 노동조합과 다양한 클럽으로 조직되어야 한다고 제안했다. 콜론타이, 하니피 부르나셰프Hanifi Burnashev*, 미르사이드 술탄-갈리예프가 제기한 중점 사안은 민중들 사이에서 주의깊게 활동하는 것이다.

> 여성 대중들에게 공산주의 사상에 대한 모든 종류의 선동과 선전을 이용해서 공산주의를 교육하는 것과 소비에트 건설에 여성들을 실제적으로 참여시키는 것. 이 모든 활동은 동방 민족들의 노동하는 인민 대중 자체의 대표자들이 실질적 사업에 모집되면 성공적으로 수행할 수 있다. 제노트델은 동방 민족 공산주의자들에게서 나온 젊은 활동가들의 사업을 지도해야 하며, 경험과 환경에 대한 지식에 기초한 그들의 모든 실제적 제안에 긴밀하게 귀를 기울이면서 사업을 실행을 지원해야 한다.

그 결과 중앙아시아에서 지역 볼셰비키들은 부하라(1923)와 히바(1924)에 제노트델 지역 지부를 세웠고, 페르가나(1925)에

* 하니피 부르나셰프(1900~38): 페르가나 자치구의 공산주의 지도자.

여성 클럽을 세웠다. 1925년 소비에트 연방 중앙집행위원회 의장단은 '동방 소비에트 여성의 권리'를 승인했다. 동방 소비에트에서 제노트델의 지도력은 일부다처제와 여성 격리 같은 전통적 형태의 억압에 맞선 엄격한 의제를 제기했다. 대부분 중앙아시아인으로 구성된 지역당과 급진주의자들은 종교적 광신과 뿌리 깊은 관습에 대한 비난과 전통주의자들이 이끄는 소비에트 정책에 반대하는 반란과의 대치 사이에 갇히게 됐다.

제노트델의 지도자 세라피마 류비모바Serafima Liubimova는 1926년 5월 19일 신부 매매, 미성년 결혼과 격리 같은 다양한 전통적 형태를 불법화할 필요가 있다고 지적했다. "지금까지 유지된 생활방식은 여성의 노예화이며, 그것은 경제와 모순되며, 경제적 독립을 위한 광범한 여성 대중들 사이의 운동을 방해한다."고 그녀는 말했다. 류비모바는 중앙아시아의 여러 공화국이 이런 관행을 금지하는 법률을 통과시키길 원했다. 결국 통과되긴 했지만 그럼에도 법률만으로는 충분하지 않았다. 사회적 규범이 새로운 법률로 완전히 파괴되지는 않았다. 게다가, 제노트델 단위들이 발견했듯이, 여성들도 때로는 익숙한 가정 환경에서 편안함과 힘을 찾는 방식으로 이런 관습적 방법을 채택했다. 물라(mullahs, 종교 지도자)와 자디스(jadids: 이슬람 현대화 개혁가. 진보파 혹은 개혁파로 불린다.) 사이의 갈등으로 오래된 형태의 가정 생활이 새롭게 가능해진 방식으로 이행하는 일은 쉽지 않았다. 소비에트는 처음 10년 동안 주저했고, 그 지역에서 반란이 퍼질까 두려워 중앙아시아의 문화와 직접 대립할 의지를 갖지 못했다.

1927년 3월 3일 국제여성의날을 맞아 제노트델 활동가들이 우즈베키스탄의 주요 도시에서 거리로 나섰다. 여성들은 거리를 통과해 도시 중심부 광장으로 행진했고, 광장은 여성 해방의 전투적 슬로건이 적힌 붉은 기치로 장식돼 있었다. 음악가들은 여성들을 환영했고, 여성들은 카페트 위에 앉아 낡은 관습을 공격하고 미래의 길로서 공산주의를 찬양하는 지도부의 연설을 들었다. 베일을 쓴 몇몇 여성들이 베일을 찢어 불태웠다. 후줌(hujum, 습격)이라고 알려진 새 프로젝트는 중앙아시아의 위계적 관습에 맞선 직접 투쟁을 위해 제노트델 활동가들이 주도했다. 이것은 적극적 공세였다! 공격으로!K nastupleniiu! 여성 기관(클럽, 학교)을 세웠을 뿐만 아니라 직접행동을 수행했던 활동가들이 그렇게 말했다.

후줌에 대한 반응은 격렬했지만, 은밀했다. 터키식 베일yashmak과 문맹을 옹호하는 공개적 항의는 거의 없었다. '항의'는 나서서 발언한 여성들이나 새로운 규범을 채택하려고 노력한 여성들을 대상으로 했다. 1920년대 후반 이 시기에 우즈벡 최고법원은 여성들의 여러 주장 때문에 화가 난 남성들에 대한 사건 71건을 법정에 제출했다고 알렸다. 법원은 여성들에 대한 공격 혐의로 127명에게 유죄를 선고했다. 타슈켄트 법원은 이런 종류의 사건 38건을 다뤘다. 13건의 경우 남성이 여성을 살해했다. 1928년 베일을 벗었다는 이유로 우즈벡 여성 270명이 살해당했다. 제노트델 활동가들은 지속적으로 투쟁했다. 후줌은 결코 쉬운 싸움이 아니었고, 유목민 카자흐, 키르키즈, 투르크멘 가족의 문화 세계를 완전히 바꾸는 데 성공하지는 못했다. 이런 생각이 다음 세대들에게 스며드는 데에는 수십 년이 걸렸다.

파티마에서 여성 교육을 위한 투쟁도 마찬가지로 어려웠다. 1931년 소비에트는 수르칸-다르야 지구*의 학교들을 조사했다. 전형적인 한 마을에서 그들은 소녀들이 학교에 없다는 것을 발견했다. 만약 교육을 새로운 문화적 의제를 제기하는 방식으로 만들려고 할 때, 소녀들이 학교에 오지 않는다면 그것은 제대로 작동하지 않을 것이다. 혁명 이전에 중앙아시아에서 글을 읽고 쓸 수 있는 여성의 비율은 거의 0이었다. 1970년에는 이 비율이 99퍼센트로 바뀌었다. 1917년과 1970년 사이의 여정은 지켜볼 만한 것이다. 이 의제를 추진하는 데 지역 즈노트델 활동가, 지역 공산당 간부와 소비에트 국가의 엄청난 노력이 필요했다. 문맹퇴치는 동시에 의료 지표의 향상을 의미했다. 인내가 필요했지만, 끈기도 필요했다. 낡은 방식에 대해 유화적일 필요는 없었다. 그것은 뿌리 뽑아야 했다. 1964년 우즈벡 소비에트 사회주의 공화국 수립 40주년에 파티마 카시모바Fatima Kasymova는 연단에 나서서 자신의 삶에 대해 이야기했다. 그 이야기는 나시예 하님의 희망을 느낄 수 있게 했다.

> 지난 20년 동안 내 삶에 대해 말하자면, 사마르칸트 지역의 엥겔스 집단농장의 책임자였으며, 어머니로서 자식 6명을 키웠고, 2차 세계대전 동안 다른 민족의 아이들 10명을 입양해서 키웠다. 그 아이들은 사마르칸트 농업 대학을 졸업했다. 이제 나는 새로운 매우 단 품종의 술타나 포도의 선택에 관한 석사 논문을 쓰고 있다. (…) 나

* 우즈베키스탄 동쪽 끝 지역.

의 전기, 보통 우즈벡 여성의 전기는 소비에트 권력이 동방의 여성들에게 무엇을 줬는지 보여 주는 생생한 사례가 될 것이다.

소비에트 연방 외부의 공산주의 여성들은 소비에트가 취한 입장과 그들의 투쟁으로부터 커다란 영감을 받았다. 1930년대까지 전 세계적으로 공산당이 여성 문제에 관한 여성의 투쟁을 발전시키기 위해 여성 전선을 창출했다는 것은 상식이 됐다. 모든 부문의 여성들을 끌어들인 이 조직들과 투쟁은 이슈를 형성했고, 세속에 뿌리박았기 때문에 이슈들을 채택하기 쉽지 않았던 공산당에게 문제를 제기했다. 이라크공산당과 여성권방어동맹의 아미나 라할Aminah Rahhal, 나지하 자우다트 둘라이미Naziha Jawdat Dulaymi, 베네수엘라 공산주의자 아르헬리아 라야Argelia Laya, 에콰도르 공산주의자 트란시토 아마과냐(Tránsito Amaguaña: '마마 트란시토') 등은 공산주의 여성운동의 세계를 형성했다. 이 수많은 여성들은 1945년 파리에서 국제민주여성연맹WIDF: Women's International Democratic Federation*을 결성했다.

* 1945년 파리에서 세워진 진보적 여성의 국제 조직. 냉전 시대에 친소련 단체로 비난받았지만, 여성의 권리와 평화를 위해 활동했다.

'백갈 협약이 인류를 자유롭게 하리라!' 제국주의·식민 지배 반대 동맹.(1927)
백갈 협약은 백인 노동자와 흑인의 단결을 의미한다.
출처: 국제사회사연구소(IISH: 암스테르담)

식민지 파시즘

1950년에 마르티니크 출신 공산주의자이며 20세기 가장 분명한 목소리 가운데 하나인 에메 세제르Aimé Césaire*는 종말에 이르고 있는 식민주의의 오랜 역사를 뒤돌아봤다. 그는 나치즘의 잿더미로부터 식민주의를 판단하길 원했다. 나치즘 이데올로기는 유럽의 순진한 사람들을 놀라게 했지만, 이는 유럽의 식민 경험에서 천천히 구축된 것이다. 어쨌든, 인종적 우월성에서 잔인한 학살과 폭력까지 나치즘의 도구는 아프리카, 아시아와 라틴 아메리카의 식민 세계에서 다듬어졌다. 공산주의자이자 열정적 시인인 세제르는 문화 간의 조우에 아무 문제가 없었다. 유럽 문화와 아프리카·아시아 문화의 뒤얽힘은 지중해 전역에서 인간 역사상 최상의 것을 만들어 냈다. 그러나 식민주의는 문화적 접촉이 아니었다. 그것은 야만적 행위였다.

> 식민화와 문명 사이에는 무한대의 거리가 있다. 자행된 모든 식민 원정으로부터, 작성된 모든 식민 법령으로부터, 모든 부서들이 보낸 모든 지침으로부터 단 하나의 인간적 가치도 나올 수 없다.

---

* 에메 세제르(1913~2008): 프랑스령 마르티니크의 시인이자 공산주의 정치인. 프랑스어 문학으로 흑인운동을 주창했다.

세제르는 강경했다. 식민주의는 역사의 규모에서 보자면 존경 받을 것을 아무것도 생산하지 못했다. 이때는 1950년이었고, 소수의 민족이 식민주의의 상처로부터 막 등장했고, 많은 사회가 식민 권력으로부터 스스로 탈출하기 위해서 가열찬 전투를 벌이고 있었다. 군화와 독가스실 등 나치의 경험을 통해 유럽 내에서 파시즘을 정의한 것은 식민지에서 이미 익숙한 것이었다. 세제르는《식민주의에 대한 담론》Discours sur le colonialisme에서 이런 식민지 파시즘을 강조할 필요가 있다고 주장했다. 식민주의는 이 시기에 나서서 자신을 내세우면서, 베트남에서 알제리까지, 케냐에서 말레이까지 제국을 부활시키려고 시도하고 있었다. 식민주의는 그 당시 본질적으로 악으로 규정된 파시즘과 자신을 구별하는 척했고, 자애롭고 온정주의적 형태로 자신을 부활시키려고 했다. 식민주의와 파시즘은 결과의 측면에서, 즉 피해자에게 어떻게 보이느냐의 측면에서 너무 많은 것을 공유했다. 마르크스주의자인 세제르에게 파시즘은 민주주의가 자본주의를 위협하는 시대에 부르주아 지배의 정치적 형태라는 것이 분명했다. 반면, 식민주의는 자원을 넘겨줄 의사가 없는 사람들에게서 자원을 빼앗기 위해 인종주의로 정당화하는 벌거벗은 권력이었다. 파시즘과 식민주의는 형태로는 다르지만, 그 방식은 동일했다.

공산주의 인터내셔널과 반제국주의동맹League Against Imperialism*의 반식민 투쟁으로부터 스페인에서, 그 다음에 나치 전쟁

* 1차 세계대전과 2차 세계대전 사이에 활동한 조직. 1927년 브뤼셀에서 설립됐고, 창립대회에 37개 식민지에서 온 107명을 포함해 170명의 대표가 참석했다.

기계에 맞선 반파시즘 투쟁까지 소비에트 연방은 최선을 다했다. 세제르처럼 소비에트도 식민주의와 파시즘의 연계를 이해했고, 양자를 인종주의에 의해 서로 벗어날 수 없도록 연결된 것으로 이해했다. 식민주의와 협력하면서 파시즘과 싸우는 것은 가능하지 않다. 둘은 공산주의 지도자 더트R.P. Dutt*가 **자본주의적 부패**capitalist decay라고 불렀던 동일한 기원에서 등장했다. 《파시즘과 사회적 부패》Fascism and Social Decay에서 더트는 '과학에 반대한 반란'이 '배외주의, 인종 이론, 반유대주의, 아리아인 조상, 신비적 스와스티카[swastika: 卍], 신성한 사명, 철인 구세주에 관한 모든 사기와 협잡, 그리고 오늘날 자본주의가 조금 더 지배력을 유지하려고 애쓰면서 이용하는 나머지 모든 헛소리'의 근거를 마련했다고 지적했다. 더트는 식민주의와 파시즘의 뿌리인 인종주의는 '미친 짓'이 아니라 '완벽하게 이성적이고 계산된 것'이라고 썼다. 자본주의는 사회적 불평등을 만들어 내서 유지하는 방식에 관한 '이성적 방어론'을 제시할 수 없다. 따라서 자본주의는 '일련의 몽매주의'에서 도피처를 구하고, '광기 어린 상징과 이상을 대체하는 이미지를 제시한다.'

1917년 소비에트는 제국주의 열강들의 비밀 협약을 폭로했다. 외무인민위원이었던 레온 트로츠키는 이 문서들을 발표하면서 이렇게 지적했다. '비밀외교는 다수가 자신의 이해에 봉사하도록 만들기 위해서 그 다수를 기만하지 않을 수 없는 소수의 유산자들이 가진 필요한 무기이다. 전 세계적 병합 계획과 탐욕스런 동맹자와 기계를 갖춘 제국주의는 비밀외교 체계를 최상

* R.P. 더트(1896~1974): 영국공산당의 이론가.

위 수준까지 발전시켰다.' 식민주의에 반대하는 소비에트의 기록은 명확하며, 코민테른은 이런저런 나라에서 확고한 노선을 생산하려고 분투했다. 소비에트가 식민 지배를 가치 있다고 고려했던 경우는 전혀 없었다. 소비에트가 인류의 저주anathema라고 봤던 파시즘에 대해서 마찬가지다. 스페인 공화국에 대한 소비에트의 지원은 하나의 시험대였고, 다른 시험대는 2차 세계대전에서 파시즘에 맞선 투쟁에서 치른 소비에트 연방의 막대한 희생이었다.

1931년 스페인 좌파는 선거에서 승리해 스페인 제2공화국을 출범시켰다. 1936년 훨씬 더 급진적인 인민전선Popular Front* 정부가 권력을 장악했다. 오직 두 나라, 즉 혁명으로 형성된 농민 공화국인 멕시코와 소비에트 연방만이 스페인 공화국을 지지했다. 지주 귀족, 자본가들의 권력을 제한하는 진보적 정책들로 인해 공화국은 지배 블록과 대립했다. 이 블록은 재빨리 파시스트 운동과 프란시스코 프랑코** 장군의 군대에서 위안을 찾았다. 프랑코는 스페인을 떠나 본국을 위해 모로코를 식민화했다. 북아프리카로부터 파시스트들은 폭력으로 공화국을 타도할 의도를 가지고 아베리아반도로 넘어왔다. 전쟁이 발생했고, 그것은 1935년 파시스트 이탈리아의 에티오피아 침공과 함께 파시스트 공격의 초기 전선이 됐다. 소비에트는 전 세계의 공산당과 함께 공화국을 지지했다. 미국에서 필리핀까지, 인도에서 아일랜드까

---

* 1936년 스페인에서 결성된 선거 연합. 공화당 좌파와 사회당, 공산당 등 좌파의 정치 연합으로, 총선에서 승리해 집권했다. 그러나 군부 쿠데타로 시작된 내전(1936~39)에서 프랑코의 파시스트 세력에 패배해 제2공화국은 몰락했다.

** 프란시스코 프랑코(1892~1975): 스페인의 독재자. 1936년 7월 군부 쿠데타를 일으켰고, 스페인 내전에서 승리한 다음 36년간 장기 독재를 유지했다.

지, 전 세계에서 공산주의자들이 공화국을 도우러 달려왔다. 소비에트 연방의 지원을 받은 국제여단International Brigades*은 파시즘 열강(이탈리아와 독일)만이 아니라 제국주의 블록(영국과 프랑스)의 지원을 받는 파시스트 군대의 돌격을 막아내는 요새가 되었다. 무정부주의자들과 공산주의들 사이의 알력이 확실히 파시즘에 맞선 투쟁에 필요한 단결에 균열을 냈지만, 소비에트의 병참 지원(X 작전)이 없었더라면 공화국이 즉시 분쇄되었을 것이고 1939년까지 유지될 수 없었다는 점을 부정할 수는 없다.

1939년 3월, 공화국이 붕괴했을 때, 제국주의와 파시즘 블록은 통합된 것으로 보였다. 프랑코가 마드리드로 입성하자, 영국 대사는 나와서 그를 환영했다. 공화파 전선에 가 본 적이 있고 공화국을 확고하게 지지했던 네루는 이 이야기를 듣고, 몸서리를 쳤다. 이 제국주의·파시스트 동맹은 인류에 반하는 것이었다. 프랑코는 1975년 사망할 때까지 권좌에 남아 있었다. 그는 유럽의 '민주주의' 국가들에게 계속 보호를 받았다.

1939년 여름 내내 소비에트 연방은 파시스트·제국주의 열강의 임박한 침략 위협에 직면했다. 그런 침략은 1917년 직후에도 일어났었다. 스페인 내전에서 X 작전을 통해 제공된 소비에트의 군비가 독일군과 이탈리아군이 생산한 것과 동일한 품질이 아니라는 것은 분명했다. 소비에트 연방은 투폴레프 SB 중폭격기에 공군 772명을 파견했는데, 이 기종은 독일의 메서슈미트 Bf 109에 비해 훨씬 느리고 더 취약했다. 소비에트군 총참

* 스페인 내전 당시 파시즘에 맞서기 위해 참전한 국제 의용군 부대. 40여 개국 6만여 명이 참전했고, 2만여 명이 사망했다.

모부는 스페인 함락 이후 나치와 제국주의 블록의 침략이 소비에트 연방에 파멸을 가져올 것을 두려워했다. 나치는 이미 1938년에 오스트리아를 병합했고, 1939년 3월 리투아니아 정부를 위협했다. 이탈리아도 1939년 4월 알바니아를 점령했고, 두 파시스트 열강 이탈리아와 독일은 1939년 5월 결정적인 강철조약 Pact of Steel*에 서명했다. 1938년 뮌헨 회의에서 파시즘 블록에 대한 영국의 유화책은 제국주의와 파시즘 블록의 공모를 암시했다. 이것이 바로 1939년 8월 몰로토프-리벤트로프 협약**의 맥락이었다. 거기에서 소비에트는 불가피한 나치의 공격 이전에 군사력을 건설할 시간을 벌기를 희망했다. 파시즘과는 어떤 타협도 해서는 안 된다는 것은 확실하다. 그러나 이것은 현실 정치 realpolitik의 영역이다. 다가올 전쟁 이전에 시간을 버는 방법이었다. 실제로 1939년 9월 소비에트 연방은 항공기 생산 공장 9곳과 항공기 엔진 공장 7곳을 열었다. 붉은군대는 100만(1938년 봄)에서 500만(1941년 6월)으로 성장했다.

그러나 스탈린에게는 다른 생각도 있었다. 1939년 3월 10일 스페인 공화국의 함락이 예견되자, 스탈린은 소비에트 연방이 "전쟁광들이 전쟁의 늪에 더 깊이 빠지도록 해야 하며, 조용하게 그렇게 하도록 부추겨야 한다."고 말했다. 만약 독일과 영국이 전쟁에 들어간다면, 양국은 서로를 '약화시키고 소진시켜' 소비에트 연방이 '새로운 힘을 가지고' 싸움에 끼어들 수 있게

* 1939년 체결된 나치 독일과 파시스트 이탈리아의 정치 군사적 협력 조약.

** 1939년 8월에 체결된 나치 독일과 소련 사이의 불가침협정. 1941년 독일의 소련 침공으로 무효화됐다.

되고 결국 '약화된 교전국들에게 강화 조건을 제시해 평화'를 끌어낼 수 있게 된다. 그러나 이런 일은 일어나지 않았다. 프랑스는 나치에게 손쉽게 패배했고, 영국은 군대를 유럽 본토로 보낼 방법을 찾을 수 없었다. 전쟁은 제국주의자들을 약화시키지 않은 채로 소비에트 연방에게 왔다. 나치는 예상대로 소비에트 연방을 공격했다. 소비에트 연방은 나치에 맞서 용감하게 싸웠고, 결국에는 나치 전쟁 기계를 파괴해 버린 기나긴 전쟁에서 2600만 명 이상의 소비에트 시민을 잃었다.

나치즘으로부터 세계를 구한 것은 소비에트 연방이었다. 나치 강제수용소의 대부분을 해방시킨 것도 소비에트 군대였고, 베를린에 진격해 전쟁을 끝낸 것도 소비에트 군대였다. 미군의 유럽 지역 사령관인 드와이트 아이젠하워 장군은 전쟁이 끝난 뒤 동부전선 시찰을 회상했다. '1945년 우리가 러시아로 날아갔을 때, 이 나라의 서부 국경과 모스크바 주변 지역 사이에서 제대로 세워진 집을 보지 못했다. 주코프 원수는 이 황폐화된 지역에서 너무나 많은 여성, 어린이와 노인들이 살해당해서 러시아 정부는 결코 사상자 총계를 추정할 수 없을 것이라고 나에게 말했다.'

그 행동에서 볼 때 파시즘은 식민 세계의 사람들에게 식민주의와 너무나 많은 것을 공유했다. 확실히 인종주의만이 아니라, 잔인함과 악행, 학살과 감금 사이의 동요까지. 에메 세제르는 '파시즘'과 '식민주의'를 별도의 실체로 보지 않았다. 그들은 친족이었다. 그러나 1945년 이후 유럽에서는 파시즘을 단지 유럽적 현상, 독일과 이탈리아의 탈선으로 보려는 경향이 강하다. 파시즘이 단지 식민주의와 연계 없는 나치즘이라고 암시함으로써 유럽인과 북아메리카인들은 자신의 식민 역사를 아무 거리낌없이 부활시킬 수 있었다. 영국은 케냐에서 말레이까지 민족적 열망을 진압하는 데 군대의 최대 무력을 사용했고, 프랑스는 인도차이나에서 알제리까지 옛 식민지를 되찾으려고 시도했다. 네덜란드는 인도네시아에 군대를 파견했고, 미국은 과테말라에서 도미니카 공화국까지, 밖으로는 이란까지 쿠데타와 상륙작전을 수행했다.

1954년 미국 국가안보위원회 참모들은 미국의 아프리카 정책에 관한 중요한 메모를 준비했다. 미국의 두 가지 중요한 이해는 '지역 내 실제적·잠재적 미군 기지'와 '지역의 전략적 원재료에 대한 접근과 활용'이었다. 기지와 원재료를 확보하기 위해 미국은 식민 열강의 '지역 내 주둔'을 '지지'할 필요가 있었다. 즉 식민주의의 지속을 지원할 필요가 있었다. 미 국무장관 존 포스터 덜레스는 탈식민화가 신생 국가들을 공산주의자들에게 넘기는 것을 의미하며, 따라서 미국에게 기지와 원재료의 상실을 의미한다고 우려했다. 탈식민화에 대한 "열정은 인내심으로 균형을 잡을 필요가 있다."고 그는 말했다. 여기에서 '인내'는 단순히 탈식민화의 연기를 의미했다. 이것은 2차 세계대전 이전 제국주의의 언어와 논리로의 복귀였다. 여기에는 반파시즘 투쟁과 반식민 투쟁이 폭정에 맞선 자유를 위한 인류의 폭넓은 투쟁임에도, 양자의 어떤 통일성도 아무 의미가 없었다. 파시즘은 패배했지만, 식민주의는 전후 시대에도 환영받는 상황이었다.

1960년 미국은 UN 정치위원회에서 알제리 독립을 요구하는 결의안에 반대 투표를 했다. 그해 말 미국은 포르투갈의 아프리카 식민지에 대한 감독을 사실상 허용하는 데에는 효과적으로 반대 투표를 했다. 마지막으로 그해 미국은 '식민지 국가와 민족에 대한 독립 허용 선언'에 관한 UN 총회 표결에서 기권했다. 이 선언은 식민 세계를 대표하는 소비에트 연방의 중요한 공세였다. 1960년 9월 23일 총회 15차 회기 동안, 소비에트 연방의 니키타 흐루쇼프는 이제 '식민 속박에서 고통받는 민족들의 완전하고 최종적인 해방'을 선언할 때가 되었다고 말했다. UN 헌장에 따라, 아직도 식민주의 아래 살아가는 1억 명의 인민이 해방되어야 한다. 5일 뒤 소비에트 연방이 후원한 선언에 관한 토론 도중에 연방의 UN 대표 발레리안 초린Valerian Zorin이 1년 이내에 모든 식민 영토의 독립을 호소했다. '이 해방의 과정은 저항 불가능하고 불가역적'이라고 선언은 지적했고, 선언은 89표 대 0표, 기권 9표(벨기에, 프랑스, 포르투갈, 영국, 남아프리카의 아파르트헤이트 국가 등 식민 열강을 포함)로 통과됐다. 옛 식민 열강과 미국이 10월 혁명의 유산과 연결된 반식민 투쟁에 별로 동조하지 않는다는 사실은 분명했다.

UN에서 초린이 아프리카와 아시아 43개 나라와 함께 주장을 펼치는 동안, 쿠바가 식민 지배를 깨부수고 자유를 쟁취했다. 시에라 마에스트라 산맥과 도시로부터 미국의 지원을 받는 독재자 풀헨시오 바티스타Fulgencio Batista*에 맞선 격류와 같은 민중 권력이 등장했다. "혁명은 위험의 와중에 이뤄졌다."고 피델 카스트로는 말했다. 그는 도시에서 산으로 들어가 농민 병사 부

* 풀헨시오 바티스타(1901~73): 쿠바의 독재자, 1952년 쿠데타로 정권 장악, 1959년 퇴진할 때까지 집권했다.

대를 이끌었다. 그들은 엄청난 난관을 돌파해 승리했다. 혁명가들은 소비에트가 그랬던 것처럼 신속하게 핵심 계급들을 자신의 편으로 끌어들일 일련의 법령을 통과시켰다. 도시 쿠바인들을 끌어들이기 위해 혁명가들은 임대료를 절반으로 깎았고, 부르주아지에게 그들이 다른 계급적 관점을 가졌다는 강력한 신호를 보냈다. 그런 다음 혁명가들은 미국을 공격했다. 미국 정부는 쿠바 섬에 대해 서비스 독점권을 보유하고 있었다. 모두 미국계인 전화 회사와 전력 회사는 즉각 요금을 인하하라는 명령을 받았다. 그런 다음 1959년 5월 17일 쿠바 정부는 혁명 과정의 핵심인 농업개혁안을 통과시켰다 대토지 소유자들이 농업을 지배하지 못하고 미국 설탕 산업이 쿠바의 희망을 교살하지 못하도록 토지 보유가 제한됐다. 개혁의 가장 급진적 부분은 토지 보유 상한선이 아니었다. 농업 개혁은 침체된 쿠바 경제와 미국에 대한 의존을 변혁할 것이라는 논리였다. 법률은 명확하게 사회주의적 관점에서 다음과 같이 진술했다.

> 농업 개혁은 두 가지 주요한 목적을 갖는다. (a) 산업에 원재료를 제공하고, 국가의 식량 필요를 충족하며, 농업 생산물의 수출을 증대하고, 상호적으로 필수적으로 사용할 외국 생산물의 수입을 증대시킬 목적으로 새로운 작물의 재배와 확대를 용이하게 할 것. (b) 농촌 인구의 구매력을 증대시킴으로서 국내 시장(가족, 국내)을 발전시킬 것. 달리 말해서 과도하게 제한된 소비에 의해 위축된 산업을 발전시키 위해서 또는 고객 부족 때문에 우리 사이에서 결코 시작할 수 없었던 산업을 창출하기 위하여 국민적 수요를 증대시킬 것.

혁명가들은 사탕수수 섬을 다변화하고, 민중을 위한 식량 안보를 확보하고, 민중을 절망에서 구원하고, 일련의 상품을 소비할 능력을 증대시키고, 수출 중심 경제가 아니라 민중 중심의 경제를 활성화하기를 원했다. 카스트로가 공산주의에 대한 헌신을 선포하기 오래전에, 혁명 정권은 이미 주의깊게 고려한 사회주의적 강령을 발전시켰다.

1954년 과테말라에서 급진 민족주의 정권*을 타도한 미국은 1959년 쿠바에서 그 과업을 반복하기를 희망했다. 금수조치가 신속하게 도입됐고, 쿠바 민중에 대한 가능한 모든 형태의 보복이 이어졌다. 쿠바 경제는 워싱턴에 의존하는 구조였다. 모든 설탕은 미국 기업들이 구입했고 섬은 미국 관광객들의 놀이터였다. 이제 미국은 미국 해안선에서 90마일 떨어진 이 작은 섬을 쥐어짜기로 결정했다. 군함이 준비를 했고, 1961년 4월 미국은 피그 만에 침공했다가 실패했다. 쿠바는 취약했지만, 혁명의 깊은 뿌리에 의해 보호받았다. 그러나 이런 보호가 충분했을까? 과연 쿠바만으로 미국의 공격에서 살아남았을 수 있었을까?

1960년 2월 5일 소비에트 연방의 지도자이자 옛 볼셰비키인 아나스타스 미코얀Anastas Mikoyan**이 아바나에 와서 소비에트 과학·문화·기술 전시회 개막식에서 피델 카스트로와 만났다. 일주일 뒤 미코얀과 카스트로는 소비에트 연방이 세계시장 가격(달러)으로 쿠바 설탕을 구매하고 자국 제품을 구매하도록 쿠바에

---

* 하코보 아르벤스(Jacobo Árbenz, 1913~1971)의 진보적 정부.(1951~54)

** 아나스타스 미코얀(1895~1978): 볼셰비키 출신의 정치인. 쿠바 혁명 당시 부총리로 혁명 지원 활동을 했다. 1964년 최고 소비에트 의장을 거쳤다.

게 신용을 제공하는 협정에 서명했다. 소비에트 연방은 이후에 비록 소비 시장에서 자국 내에서 사탕무 설탕의 공급으로 설탕이 충분했음에도 쿠바 설탕의 거의 모든 수확량을 구매했다. 가격 변동이 있었지만, 대체로 쿠바는 미국 구매자를 대신할 정기적 구매자를 찾을 수 있었다. 소비에트 연방은 또 쿠바 화학 산업 건설을 위해 1억 달러 이상의 신용을 제공했고, 소련에서 과학자와 기술자를 교육시켰다. 쿠바 경제의 다변화는 비록 그것이 쉬운 과제가 아닌 것이 분명하게 되었음에도 여전히 과제로 남아 있다. 1963년 8월 카스트로는 산업화와 함께 다변화를 연기한다고 선언했다. 쿠바는 금수조치에서 살아남을 수단을 확보하기 위해 사탕수수 수확에 집중할 필요가 있었다.

1965년 3월 23일 체 게바라는 알제리의 알제에서 열린 제2차 아프로-아시아 연대경제세미나에 연설했다. 체 게바라는 포스트 식민지 국가에서 혁명의 경제 문제에 대해서 말하게 됐다. 예전 식민지 지배자들을 타도하는 것만으로 충분하지 않다고 그는 말했다. 새로운 국가가 실제로 번성하고 종속 상태에 벗어나기 위해서는 '진정한 단절'이 필요하기 때문이다. 포스트 식민 국가가 적대적 경제 환경 속에서 어떻게 생존할 것인가? 누가 주로 가공되지 않은 1차 상품을 공정한 가격으로 구매할 것이며, 누가 그들에게 공정한 조건으로 발전을 위한 자본을 빌려줄 것인가? 자본주의 은행과 국가는 포스트 식민 국가, 특히 사회주의 국가에게는 저발전의 덫에서 벗어날 수단을 제공하지 않았다. 은행들은 식민 열강에 빌려주는 것보다 더 높은 이율로 식민 국가에 돈을 빌려줬다. 비싼 돈은 식민 국가를 더 커다란 어려움에

사탕수수 수확에 참여한 피델 카스트로.(1969)

밀어넣을 뿐이었다. 식민 국가는 부채를 상환하기 어려웠고, 부채는 통제를 벗어나 몇 배로 불어났다. 체 게바라는 이런 상황을 예방하기 위해 '사회주의 나라들이 지금 해방의 길에서 막 시작한 나라들의 발전을 위해 지원해야 한다.'고 주장했다.

사회주의 나라들 사이의 무역은 자본주의 가치 법칙에 기반해서 이뤄져서는 안 되고, 우호적 가격 창출을 통해 이뤄져야 한다. "진정한 과제는 발전을 가능하게 할 가격을 설정하는 데 있다. 국제관계의 질서를 변화시킬 사고의 거대한 변화를 시도해야 한다. 외국 무역이 정책을 결정해서는 안 되고, 오히려 다른 민족들에 대한 우호 정책에 종속되어야 한다."고 체 게바라는 말했다.

1960년 중국은 쿠바에 이자 없이, 상환 기간을 정하지 않고 6천만 달러의 신용을 제공했다. 이것은 부러워할 만한 차관이었다. 그러나 소련의 지원에 비해 규모가 너무 작았다. 1964년까지 소련은 쿠바에 6억 달러 이상의 경제 지원을 제공했고, 동유럽 나라들은 원조와 지원으로 수억 달러를 더 제공했다. 소련은 또 쿠바인 900명을 엔지니어와 기술자로 훈련시킨 것 외에도 3000명 이상의 쿠바인에게 농업경제학과 농업 기계화를 교육했다. 체 게바라는 교육과 가격 정책 양 측면에서 소비에트 '우호 정책'의 가치를 인정했다. '명백하게도 우리는 사회주의 세계에 경제적 동기에 기초한 이 정도 가격으로는 이런 양의 설탕을 구매해 달라고 요청하지 못했을 것'이라고 1961년에 말했다. "왜냐하면 실제로 세계 상업에서 이렇게 구매할 이유가 없었고, 그것은 단순히 정치적 제스처였기 때문이다."

인도네시아공산당의 지도자 디파 누산타라 아이딧이 1955년 선거 집회에서 연설하고 있다. 당은 이후 급속도로 성장했다.

다중심적 공산주의

1956년 소련 탱크가 헝가리로 진입했다. 이 개입에 대한 논쟁이 전 세계 좌파에게 퍼져나갔다. 영국 마르크스주의 역사가 톰슨 E.P. Thompson*은 '폴란드와 헝가리 민중들이 거리와 광장에 스탈린주의에 대한 비판을 적었다.'라고 썼다. 소비에트의 개입은 소련공산당 20차 대회 몇 달 뒤에 일어났다. 그 대회에서 니키타 흐루쇼프는 스탈린을 비판했고, 소련의 모든 왜곡을 '개인 숭배' 탓이라고 비난했다. 스탈린과 소련의 헝가리 개입에 대한 공격은 제3세계에서 소련의 명성에 피해를 줬다. 소련은 농민 사회로부터 현대적이고 공정한 국가를 건설했을 뿐만 아니라, 커다란 희생을 치르면서 파시즘을 패배시킨 믿을 수 없는 용감한 행동을 취했기 때문에 명성을 얻었다. 초기 소비에트의 반식민주의는 다음 세대의 반파시즘에 반영됐다. 이러한 명성이 이제 20차 대회의 폭로와 헝가리 침공으로 훼손당했다.

이탈리아공산당의 지도자 팔미로 톨리아티Palmiro Togliatti**는 세계 공산주의 운동에서 모스크바 중심의 사고를 재고할 것을 호소

---

* E.P. 톰슨(1924~93): 영국의 신좌파 마르크스주의 역사가. 대표 저작은《영국 노동계급의 형성》.(1963)

** 팔미로 톨리아티(1893~1964): 이탈리아의 공산주의 지도자.

했다. 톨리아티는 '사회주의를 향한 민족적 경로'를 발전시킬 필요가 주장했고, '다중심적 공산주의'polycentric communism*에 대한 오랜 소망을 되풀이했다. 이것은 모스크바와 소비에트의 외교 정책을 중심으로 하지 않는 공산주의가 된다. 헝가리에 대한 소비에트의 개입과 흐루쇼프의 폭로는 유럽에서 점진적으로 스페인 공산당 지도자 산티아고 카리요Santiago Carrillo**가 주장한 유로코뮤니즘Eurocommunism***으로 이어졌다. 1976년 카리요는 "과거에는 모스크바가 우리의 로마였지만, 더 이상 그렇지 않다. 이제 우리 지도에 중심이 없으며, 국제적 규율도 없다는 것을 인정해야 한다."고 말했다.

이것은 더 이상 혁명을 믿지 않고 진화적 동학에 아주 만족하는 공산주의였다. 독자적 전략과 전술을 발전시킬 권리에 대한 주장이 올바름에도 유럽의 공산당들은 자기 파괴의 경로에 몸을 던졌다. 그들은 다중심주의를 옹호했지만, 결국 사회민주주의로의 복귀만을 이룩했다.

제3세계 공산당들 사이에서 1956년 이후 다른 지향이 분명해졌다. 서유럽 당들이 소비에트 연방과 그들의 공헌을 훼손하려고 했던 반면, 제3세계의 당들은 소련의 중요성을 인정하면서도 소련의 정치적 지향과 일정한 거리를 뒀다. 말리의 모디보

---

* 소련 중심의 공산주의가 아니라, 각국의 사정과 특수성을 반영한 공산주의의 다양성을 인정하는 경향.

** 산티아고 카리요(1915~2012): 스페인의 공산주의 지도자. 프랑코 치하에서 반파시스트 투쟁을 이끌었고, 유로코뮤니즘으로의 선회를 시도했다.

*** 소련 모델에 종속되지 않는 유럽의 독자적 공산주의를 지향했지만, 사민주의적 개량화라는 비판을 받았다.

케이타Modibo Keïta와 세네갈의 마마두 디아Mamadou Dia 등 '아프리카 사회주의'의 옹호자들은 1960년 모스크바를 방문했을 때, 비동맹의 필요성과 사회주의 건설에서 민족적 발전 과정의 중요성을 선언했다. 린뱌오林彪* 원수는 중국적 맥락에서 마르크스주의의 창조적 적용 필요성에 대해 연설했다. 인도네시아공산당의 젊은 지도자인 디파 누산타라 아이딧Dipa Nusantara Aidit** 은 그의 당을 마르크스-레닌주의와 인도네시아 역사의 특수성 양자의 확고한 기반 위에 올려놨다. 1961년 12월 아이딧은 '다중심주의'의 중요성을 강조했다. "서로 독립적이지 않은 어떤 공산당도 정상적으로 발전할 수 없다."고 그는 말했다. 인도에서 1964년 민족적 노선의 중재자로서 소비에트 연방의 역할을 포함한 논쟁을 둘러싸고 인도공산당CPI로부터 인도공산당(마르크스주의파, CPI-M)이 등장했다. CPI-M의 농민 지도자인 하레 크리쉬나 코나르Hare Krishna Konar는 "우리는 우리가 소비에트와 중국 혁명으로부터 별로 배울 것이 없다는 점을 깨달았다."고 말했다. "인도의 특수한 객관적 현실에서 우리는 우리 혁명의 전략과 전술을 정식화하기 위해 우리 자신에게 의지해야 한다. 인도 농민 투쟁은 반드시 중국공산당이 지도하는 중국의 농민 투쟁과는 다른 방침을 채택해야 한다."

공산주의가 역동적으로 운동하는 제3세계에서 공산주의는 무오류의 종교로 간주되지 않는다. 1965년 체 게바라는 '사회주

---

* 린뱌오(1907~71): 중국의 공산주의 지도자. 비행기 사고로 사망했다.

** 디파 누산타라 아이딧(1923~65): 인도네시아의 공산주의 지도자. 1965년 수하르토의 군부 쿠데타와 공산당 대학살 때 체포되어 처형당했다.

의는 젊고, 잘못이 있다.'고 썼다. 사회주의를 강화하기 위해서는 끊임없는 비판이 필요하다. 그런 태도는 냉전 시기 유럽과 북아메리카에서 실종되었고, 자본주의의 냉전 전사들은 공산주의자들의 어떠한 자기 비판이라도 약점으로 이용했으며, 동지들은 비극적이게도 방어와 환상으로 도피했다. 1979년 페리 앤더슨Perry Anderson*은 '서구 마르크스주의의 숨겨진 특징은 그것이 패배defeat의 정치라는 점이다.'라고 썼다. 소련공산당을 혁명 투쟁의 보증서가 아니라 동맹자로 바라보는 제3세계에서는 그런 태도가 보이지 않는다. 그들은 자기 운동을 신학적 방식으로 소련에 연결시키지 않았다. 1956년 이후 공산주의는 소련의 헝가리 개입 때문에 냉전 전사들에 의해 궁지에 몰렸다. 이런 점은 제3세계에서도 일정한 역할을 했지만, 결정적이지는 않았다. 인도에서 1957년 공산주의자들은 케랄라 주 선거에서 승리해 주정부의 집권당이 됐다. 1959년 쿠바 혁명은 독재를 타도했고, 마르크스-레닌주의를 자신의 일반적 이론으로 채택했다. 베트남에서는 1954년부터 공산주의자들이 북부를 차지했고, 조국의 나머지를 해방시키기 위해 용감하게 싸웠다. 이것은 헝가리 개입에도 불구하고 쟁취한 공산주의의 승리였다.

헝가리 상황에 대한 대응으로 인도공산당의 지도자 아조이 고시Ajoy Ghosh**는 〈신시대〉New Age 지에 보내는 편지에서 이런 상황에 대해 썼다. 그는 당이 '소련을 이상화'하면서 잘못을 저

* 영국의 신좌파 지식인. 1960년 이래 〈뉴레프트리뷰〉(New Left Review) 편집인이다.

** 아조이 고시(1909~62): 인도의 독립 투사이자 인도공산당의 지도자.

질렀고, 국가에 대한 비판에 주의를 기울이지 않았다고 인정했다. 1956년 12월 CPI 중앙위원회에서 헝가리를 둘러싼 격렬한 논쟁이 벌어졌고, 이는 쉽게 해결되지 않았다. 1958년 여름 공산주의 지도자 임레 나지Imre Nagy*를 처형한 일은 더 많은 인도 공산주의자들이 소련이 취한 방향에 반대하게 했다. 소련 내에서 무슨 일이 일어나고 있었는가?

소련에 대한 당의 태도를 둘러싸고 CPI 내부에서 투쟁이 개시됐다. 한쪽은 소비에트의 관점에 가까웠고, 다른 쪽은 반대하는 입장을 취했다. 1957년 4월 CPI 웨스트벵갈 지방위원회 회의에서 공산주의자들은 소련을 맹목적으로 따르는 입장에 반대하기로 결정했다. 위원회는 마르크스-레닌주의를 자신의 상황에 맞게 '해석하고 적용'하기로 결의했다. 그해 7월 CPI 지도자 아흐메드Z.A. Ahmed는 "이제 소련은 모델이 아니다."라고 말했다. 10월 봄베이 당 위원회의 비공개 회의에서는 소련을 비판하지 못하는 CPI의 무능력과 함께 소련공산당을 비판했다. 1958년 6월 웨스트벵갈 CPI 조직은 당 지도부에게 소련에 굴종하는 당의 입장에 반대한다고 말했다. 임레 나지의 처형과 이를 비판하지 못한 CPI의 실패는 이 공산주의자들을 난처하게 했고, CPI가 소련과 함께 유고슬라비아와 관계를 단절하면서 상황은 더욱 악화됐다. 1964년 CPI의 분열이 일어났고, 이로부터 새로운 정당 인도공산당 마르크스주의파CPI-M가 등장한 것이다. CPI-M은 10월 혁명과 중국 혁명은 존중하지만, 어느 쪽으로부터도 명령을 받지

---

* 임레 나지(1896~1958): 헝가리의 공산주의 지도자. 1956년 민중 봉기가 소련군에 진압당하고 2년 뒤 처형당했다.

않았다. CPI-M은 레닌의 말처럼 '마르크스주의에서 가장 본질적인 것, 마르크스주의의 살아 있는 영혼, 구체적 상황에 대한 구체적 분석'에 기반해 독자적 이론을 발전시키게 된다.

아주 동일한 역사가 1951년 이후로 인도네시아공산당(이하 PKI)에서도 촉발됐다. 그 당시 당원은 겨우 5000명이었지만, 1964년에 PKI는 200만 명의 당원을 보유했고, 추가로 대중 조직에 1500만 명이 있었다(그들의 절반은 인도네시아농민전선Indonesian Peasants' Front 소속이었다). 당은 동부와 중부 자바의 인구 밀집 지역에 깊은 뿌리를 가졌지만, 1951년 이후 10년 동안 수마트라 등 외곽도서에서 성과를 거두기 시작했다. 악랄한 반공주의적 군부는 당의 성장을 막을 수 없었다. 1953년 당 중앙위원회에서 등장한 새 지도부는 모두 30대였고, 새 총서기인 아이딧은 겨우 31세였다. 이 공산주의자들은 대중 투쟁과 대중 캠페인에 집중했고, 인도네시아 농촌에서 당의 기반을 구축하는 데 헌신했다. 인도네시아농민전선과 플란테이션 노동조합은 모두 PKI 대중 조직으로 강제 노동romusha에 맞서 싸웠고 토지 점거aksi sepihak를 선동했다. 이 캠페인은 더욱더 급진화됐다. 1965년 2월 플란테이션 노동조합은 북수마트라에서 미국 고무 회사US Rubber Company가 보유한 토지를 점거했다. 미국 고무와 굿이어 타이어 사Goodyear Tires는 이를 인도네시아에서 벌어지는 이러한 상황을 자신들의 이해에 대한 직접적 위협으로 봤다. 그런 과감성은 용인할 수 없었다. 3대 다국적 석유 회사(Caltex, Stanvac and Shell)도 이를 보고 경악했다. 미국 외교관 조지 볼George Ball은 미국 국가안보보좌관 맥조지 번디McGeorge Bundy에게 이번 토지 점거와 같은 '장기적' 사건들이 '남베트남보다 더 중요할 수도 있다.'고 썼다. 볼은 알았을 것이다. 그는 남베트남에서 미국의 동맹인 응오딘지엠Ngô Đình Diệm*에 맞선 1963년 쿠데타를 감독했었다. 서구는 PKI가 더욱 공격적으로 나오자 더 이상 버틸 수 없다고 느꼈다.

1965년 PKI는 그해에만 당원이 100만 명 늘어나 300만 당원을 보유했다. 당의 성장을 짓누르려는 반공주의 군부의 시도에도 불구하고, PKI는 인도네시아에서 중요한 정치 세력으로 등장했다. 대중 조직의 회원은 1800만 명으로 증가했다. 이때 자카르타에서 장군 3명이 살해되는 이상한 사건이 일어나면서, CIA와 오스트레일리아 첩보기관의 도움을 받아 인도네시아에서 공산주의자들을 근절하려는 대대적 반공 캠페인이 벌어졌다. 대량살상이 일상이 됐다. 최악의 살상은 동부 자바와 발리에서 일어났다. 예를 들어 사르워 에디Sarwo Edhie 대령의 부대는 공산주의자들을 살해할 민병대를 훈련시켰다. 사르워 에디는 언론인 존 휴즈에게 이렇게 말했다. '우리는 그들에게 2~3일 훈련을 시킨 다음 공산주의자들을 죽이러 보냈다.' 목격자의 설명에 따르면, 동부 자바에서는 포로들에게 무덤을 파게 하고 '한 명씩 대나무 몽둥이로 두들겨 패고, 목을 딴 다음, 대규모 매장지에 던졌다.' 학살이 끝날 무렵까지 100만 명의 남녀 인도네시아 좌파들이 이러한 무덤들에 매장됐다. 수백만 명이 추가로 일도 친구도 없는 곳으로 격리됐다. 아이딧은 야시르 하디브로토 대령에게 체포돼,

---

* 응오딘지엠(1901~63): 남베트남 정치인. 1955년 바오다이 황제를 퇴위시키고 대통령에 취임했다. 1963년 CIA가 사주한 쿠데타로 사망했다.

보욜랄리(중부 자바)로 끌려가 처형당했다. 그의 나이는 42세였다.

세계 공산주의 운동이 인도네시아 동지들을 보호할 방법은 없었다. 소련의 반응은 미지근했다. 중국은 '극악무도한 악질' 범죄라고 비난했지만, 둘 다 아무것도 할 수 없었다. UN은 침묵을 지켰다. PKI는 무장 투쟁을 배제한 노선을 취하기로 결정했었기에 당 간부들은 자신을 방어할 수 없었다. 그들은 군부와 반공 폭도들에 맞서서 싸울 수 없었다. 그 결과는 유혈 대학살이었다.

1966년 민족해방운동 진영이 아바나로 모여 트리콘티넨탈Tricontinental*을 출범시켰다. 이것은 총을 내려놓지 않았던 운동들의 연대체가 되었다. 그들이 모인 것은 역사의 심판을 받아들이길 거부하는 식민지주의의 야만적 폭력에 대한 대응이었고, 인도네시아의 학살에 대한 대응이었다. 체 게바라는 이미 쿠바를 떠나 콩고로 갔고, 거기에서 그는 아프리카 대륙 전체의 반란에 집중하길 희망했다. 그는 트리콘티넨탈에 편지를 보냈고, 피델 카스트로가 그 편지를 읽었다. 이 편지에서 그는 제국주의에 맞선 무장 행동이 한쪽에서 베트남으로부터 다른 쪽에서 베네수엘라까지 퍼져나갔다고 지적했다. 그는 여기에 인도네시아도 있다고 썼다. '인도네시아에서 반동들이 나라를 접수해 공산당을 절멸시켰더라도, 우리는 최후의 말을 다했다고 가정할 수 없다.'

아바나에서 소련에 대한 언급은 거의 없었다. 소련은 1960년대 중반 서구와의 데탕트와 화해를 추구하면서 민족해방운동에

* 트리콘티넨탈(삼대륙회의): 1966년 쿠바 아바나에서 아시아, 아프리카, 라틴아메리카 등 삼대륙의 혁명 조직들이 모여 전략을 논의한 국제 회의. 1967년 8월 쿠바의 연대 조직 'Ospaaal'이 같은 이름의 잡지를 발행했다.

대한 지지를 늦추었다. 1963년 아이딧은 '민족해방 투쟁을 진정으로 지원하지 못한다면, 이는 진정한 사회주의 국가가 아니다.'라는 말로 소련을 혹독하게 비판했다. PKI 같은 당이 '스탈린'을 고수했던 이유가 그들이 소련의 숙청이나 집단화를 옹호했기 때문일까? 아니다. 그것은 '스탈린'이 전투성을 둘러싼 논쟁에서 혁명적 이상주의와 반파시스트 투쟁을 위해 나섰기 때문이었다. 아이딧은 소비에트가 국내 정책의 측면에서는 스탈린을 어떤 식으로든 해석할 수 있지만(그를 비판하고, 그의 유해를 영묘에서 옮기고, 스탈린그라드의 이름을 바꾸는 것), 국제적 수준에서 다른 공산당들이 스탈린을 평가할 권리가 있다는 점에 동의했다. 1961년 아이딧은 스탈린이 '등대'였고 그의 노력은 '동양의 나라들에서 여전히 유용하다고 말했다. 이것은 후르쇼프 시대에 벌어진 제국주의 세력과의 화해에 반대하는 성명이었다. 그것은 제3세계 공산당들 중 다수가 공유하는 입장이었다.

변화의 속도와 잔인한 공격에 좌절한 많은 공산당원들이 페루에서 필리핀까지 이 시기에 다시 총을 들었다. 인도네시아의 학살은 세계 공산주의 운동을 무겁게 짓눌렀다. 이런 움직임들은 한계가 있었다. 왜냐하면 이런 당들 다수가 무장 혁명 전술과 폭력 전략을 혼동했기 때문이다. 폭력은 다른 방식으로 가장 효과적으로 작동한다. 우리가 본 것처럼 인도네시아에서 공산주의자들이 학살당했고, 이라크와 수단, 중앙아시아와 남아메리카에서 살해당했다. 헬리콥터에서 해안으로 던져진 칠레 공산주의자들의 모습은 소련에 관한 어떤 상투적 표현보다 훨씬 덜 알려져 있다.

1981년 처음 구입한《자본》

나가며
공산주의에 대한 기억

1977년 내가 열 살이 됐을 때 좌파전선Left Front*은 내 고향 웨스트벵갈 주 선거에서 승리를 거뒀다. 붉은 깃발이 내가 살던 콜카타를 가득 메웠다. 시위와 행진은 일상이 됐다. CPI-M의 지도자인 죠티 바수Jyoti Basu**가 주정부의 제1총리가 됐다. 그는 6월 22일 라디오 연설에서 국가에 대한 그의 비전을 이렇게 제시했다.

> 우리 주의 보통 사람들은 삶의 기본적 필요를 충족하는 데에서 심각한 문제에 직면하고 있다. 음식, 의복, 주거, 교통, 전력, 교육, 보건, 심지어 상수도 시설까지 모든 영역에서 오랜 세월에 걸쳐 문제가 누적되었다. 주 경제는 빈사 상태에 있고, 민중의 고통은 그 한계를 모른다. 대량 실업, 공장 폐쇄, 정리해고, 투자 부재, 전력 부족 등 이 모든 문제들은 소름끼치는 정도에 이르렀다. 농촌의 상태는 묘사할 수 없는 정도다. 우리는 이런 문제들을 다루기 위해 진지하고 성실한 노력을 다할 것이다.

---

* 1977년 CPI-M 주도로 결성된 좌파 선거 연합. 1977년부터 2011년 7회 연속 선거에서 승리했다.

** 죠티 바수(1914~2010): 인도 공산주의 지도자. 1977년부터 2000년까지 웨스트벵갈 주 총리.

그는 경찰이 자본가의 편에 서지 않을 것이고 국가 관료제가 민중운동에 반하여 일하지 않을 것이라고 말했다. 좌파전선 정부는 즉시 농지 개혁과 무토지 농업노동자 등록에 착수하겠다고 발표했다. 이런 엄청나게 인기 있는 조치로 인해 좌파는 주와 그 외부에서 인기를 얻었다.

4년 뒤인 1981년 나는 마르크스의 《자본》(프로그레스 출판사판)을 샀다. 지금은 이 책을 콜카타에 있는 어머니의 아파트에 모셔 두었다. 나는 《자본》을 천천히 읽으면서 마르크스 저작의 복잡성을 헤쳐 나가려고 노력했다. 고모는 이미 공산주의 운동에 참여하고 있었다. 나는 멀리서 고모의 헌신과 입장을 존경했다. 나는 존 리드의 《세계를 뒤흔든 열흘》과 파리코뮌에 관한 마르크스의 글을 읽었을 때처럼 《자본》을 한 줄씩 읽었다. 이 책들은 웨스트벵갈의 농촌에서 일어난 일과 함께 나에게 공산주의의 세계와 소련을 들여다보는 창문이 됐다. 나는 나중에 시위에 참여하게 됐고, 점차 CPI-M과 대중 조직들의 세계로 들어갔다. 새로운 동지들과 나는 주로 인도 정치에 대해 토론했지만, 가끔 세계 공산주의 운동의 발전에 대해서도 토론했다. 소련으로 들어가는 우리의 세계는 1917년이 아니라, 우리 자신의 경험을 통한 것이었다. 우리는 모스크바를 부모가 아니라 먼 사촌으로 바라봤다.

내가 중고서점에서 찾아낸 책 가운데 하나가 레온 트로츠키의 《러시아 혁명사》였다. 1982년 나는 힌두교 예배 휴일puja 동안 콜카타의 더위 속에서, 전기 요금을 아끼기 위해 석유 등불 아래서 이 책을 다 읽었다. 이 낡은 책에는 모든 쪽마다 내

코멘트가 쓰여 있다. 책의 끝부분에 내 마음을 움직인 문장 하나가 있고, 이 문장은 여전히 내 마음에 와닿는다. 그것은 누구나 예상하는대로 부르주아지는 소비에트 연방에게 전혀 기회를 주지 않았다는 내용이다. 소비에트 연방은 수립 첫날부터 무자비한 비판을 받았다. 1930년 트로츠키는 소비에트 연방에서 나와 망명한 터키 이스탄불에서 이 책을 썼다. 10월 혁명 이후 13년이 지난 때였다. 혁명은 이미 조롱당하고 있었다. 트로츠키는 결론에서 '자본주의가 과학기술을 고도로 발전시켜 인류의 전쟁과 위기의 지옥에 떨어뜨리는 데 수백 년이 필요했다. 사회주의의 적들은 지상 낙원을 창조하는 데 사회주의에게 겨우 15년을 허락했다. 우리는 그런 의무를 우리 자신에 부여하지 않았다. 우리가 이런 날짜를 정하지도 않았다. 거대한 변혁 과정은 적절한 시간 척도에 따라 측정되어야 한다.' 그러나 혁명은 더 발전할 시간을 갖지 못했다.

소비에트 연방은 겨우 70년 동안 지속됐다. 이것은 세계사의 시간 범위에서 보면 매우 짧은 시기이다. 소련의 성취는 웃음거리 취급을 받았고, 소련의 사망은 그 성취에 대한 가장 커다란 반박이다. 그러나 소련이 사라졌기 때문에 소련에 아무런 장점이 없었다고 볼 수는 없다. 소련은 우리에게 노동자와 농민의 국가가 존재할 수 있고, 그것이 단지 부자들이 아니라 막대한 인민 대중에게 유리한 정책을 창조할 수 있으며, 굶겨 죽이는 것이 아니라 사람들을 치료하고 교육시킬 수 있다는 확신을 제공한다. 이것은 여전히 지켜야 할 가치이다.

1918년 레닌은 '새로운 소비에트 유형의 국가를 창조함으로써 우리는 이 어려운 문제의 작은 부분만을 해결했다. 주된 어려움은 경제 영역에 있다.'라고 썼다. 생산을 사회화하는 것은 쉽지 않은 과제였다. 대부분의 서구 열강을 포함해 10월 혁명에 반대하는 세력들의 공격으로 새 정부는 혼란에 빠졌다. 새로운 국가를 방어하기 위해 붉은군대를 조직해야 했고, 이는 자원이 사회적 필요에서 빠져나가기 시작했다는 것을 의미했다. 소련이 존속했던 70년 동안 어떤 시점에도 항상 소련에는 주요한 외부의 위협이 존재했다. 사회주의 계획의 전 구조물은 안보의 필요성 때문에 제약을 받았다.

소비에트 연방은 붉은군대를 유지하고 주민의 생활을 향상시키기에 충분한 사회적 부를 제공하기 위해 급속한 경제성장을 추진하기로 선택했다. 급하게 산업 역량을 건설하고 농업 생산성을 증가시키려는 전략의 사용으로 과도하게 집중된 국가가 나타날 수 있다는 우려가 지속적으로 제기됐다. 1918년 레닌은 가장 가까운 동지 가운데 한 명인 그리고리 소콜니코프Grigori Sokolnikov* 에게 보내는 편지에서 '공산주의자들이 관료가 됐다.'고 경고했다. '만약 어떤 것이 우리를 파괴한다면, 그건 바로 이것이다.' 포위된 상태에서, 공장과 인적 역량을 건설하려 서두르다가, 사회주의 실험에 반대하는 계급들에게 밀린 소비에트는 민주적 기관들을 약화시키는 방향으로 움직였다. 그들이 선택한 것은 거의 없었다. 이런 선택의 부재로 인해 일부 주요한 제도적 오류가 소련에 자리 잡았다.

---

* 그리고리 소콜니코프(1888~1939): 볼셰비키 혁명가, 재무인민위원(1923~26) 1937년 대숙청으로 감옥에서 사망했다.

소련공산당CPSU으로 이름을 바꾼 소규모 볼셰비키 당은 1933년에 300만 당원을 갖게 됐다. 이 역동적인 정당은 열정적으로 민중 계급을 문화, 예술, 철학, 기술과학 등 새로운 활동으로 이끌었다. 상상력의 거대한 전진은 갑자기 나타난 것으로 보였지만, 실제로는 혁명의 정신과 그 도구인 당으로부터 나왔다. 당이 반대를 억압하기 시작하자, 소비에트 정치의 풍부한 잠재력은 줄어들었고, 당의 입지는 취약해졌다. 당원들은 관료제의 기관원apparatchiks으로 전락했고, 당 정치 활동은 국가의 행정 활동으로 변질됐다. 차르의 국가 기구가 유럽으로 망명했기 때문에, 모든 유능한 인재로 관료제를 충당하는 것이 필요했다. 당원들은 강제로 노동계급과 농민의 조직가 역할에서 관료로 변신해야 했다. 이 당에서 활력이 사라졌다. 소콜니코프, 언어학자 볼로시노프, 문학가 메드베데프, 연극 감독 메이예르홀트, 식물학자 바빌로프, 화가 가이보바 등 많은 유능한 당원들이 대숙청으로 살해당했다. 국가 내 직위나 교수형으로 이 재능 있는 인재들을 잃었기 때문에 당은 커다란 피해를 입었다.

방해에도 불구하고 소련의 전진은 아주 놀라운 것이었다. 계획경제 메커니즘은 자본주의 국가 경영자들의 찬양을 받았다. 계획경제를 통해 소련은 빈약한 자원을 급속한 산업 성장에 배분할 수 있었다. 공장은 파시즘에 맞선 소련의 요새를 세운 토대였다. 2차 세계대전에서 소련의 힘이 서구 자유주의를 구했다는 것은 의문의 여지가 없다. 만약 소련이 전시공산주의War Communism, 신경제정책NEP, 스탈린의 산업화 정책의 결과로 발전하지 못했다면, 서유럽은 수십 년에 걸쳐 파시즘에 의해 파괴됐을 것이다. 실제로 일어난 바와 같이, 히틀러의 야심은 소련의 공장 지대에서 사망했다. 거기에서 독일군Wehrmacht을 파괴한 강철과 박격포가 등장했다. 2차 세계대전은 소련을 유린했고, 소련은 국력을 기르기 위해 전시공산주의의 토대를 구축해 나가야 했다. 서방의 포위는 1917년 직후 그랬던 것처럼 다시 시작됐다. 자유를 수호하기 위해 2600만 명 이상을 잃은 소련에게 휴식은 없었다. 전반적으로 소련 인민의 거대한 희생에 대해서는 충분히 말해지지 않았다. 비극적이게도 이 희생의 열매는 공산주의가 아니라 자유주의가 가져갔다.

소련의 주요한 한계 가운데 하나는 민중의 민주적 열망을 고양시키지 못했다는 것이다. 사실, 소련에서 민주주의가 제약되었기 때문에 형식적 민주주의에 불과한 서방은 민주주의의 외피를 주장할 수 있었다. 프리드리히 엥겔스는 1848년 봉기에 대해 '우리 시대, 민주의 시대가 열리고 있다.'라고 썼다. 엥겔스는 프랑스 의사당에서 한 노동자가 권총을 손에 들고 뛰어들어온 장면을 묘사했다. 그 노동자는 외쳤다. '의원들은 더 이상 필요없다. 우리가 주인이다.' 1848년에는 그렇게 되지 않았다. 그러나 이것이 억제할 수 없는 공산주의의 핵심이며, 참여와 지도력에 대한 열망이다. 1917년 10월 레닌은 이 가능성을 직접 언급했다. 그는 이렇게 썼다. '우리는 유토피아주의자가 아니다. 우리는 비숙련 노동자 또는 요리사가 국가 행정을 직접 담당할 수 없다는 것을 알고 있다.' 레닌은 훈련이 필요하며, 일단 훈련이 되면 모든 요리사가 통치할 수 있다고 썼다. 레닌은 계속 말한다. '만약 혁명이 자신을 두려워하지 않는다면, 만약 모든 권력을 프롤레타리아트에게 이전한다면, 우리 혁명은 무적이다.' 비록 최고 소비에트가 어떤 자유민주주의보다 노동계급과 농민을 훨씬 더 대표했고, 그 지도력이 확고한 노동계급(브레즈네프)과 농민(흐루쇼프)에게서 나왔음에도, 그런 권력 이전은 실질적으로 일어나지 않았다. 그리고 공산주의의 완전한 약속은 소련의 한계에 부딪혔다.

효율적 민주주의의 부재는 관료주의와 정체로의 경향을 의미하고, 이 과정은 엄청난 양의 사회적 잉여가 보안 기관으로 유용되면서 더욱 강화됐다. 예를 들어 코시긴의 1965년, 1973년, 1979년 개혁 등 체제 개혁 시도*는 불운했다. 이는 하향식 프로젝트였다. 개혁은 당과 민중의 중심으로부터 등장하지 않았다. 그것은 소련의 청산으로 이어진 1980년대 고르바초프의 하향식 개혁 시도와 유사했다. 고르바초프는 개방Glasnost과 구조 개혁perestroika을 추진해, 이 러시아 단어를 영어로 소개했다. 비슷한 시기에 유사한 개혁이 중국에서 추진됐고, 고르바초프가 시도한 이런 개혁의 대부분은 코시긴의 다양한 개혁 시도의 틀 안에서 이뤄졌다. 고르바초프가 가장 극적으로 추진한 것은 다당제 선거를 실시하자는 주장이었고, 이는 본질적으로 소련에서 공산당의 역할을 정면으로 공격하는 것이었다. 이를 집약하는 단어(demokratizatsiya, 민주화)는 국

---

* 흐루시초프와 코시긴이 도입하려 했던 경제 개혁 프로그램. 수익성과 판매에 초점을 맞춘 경쟁 체제의 도입이 목표였다.

가 기구의 해체를 의미했고, 국가 기구들은 기회주의적 당 기관원과 개인 사업자들의 먹잇감이 됐다. 이들은 나중에 최초의 러시아 과두제의 우두머리가 되어 소비에트 민중이 생산한 사회적 부를 독점했다. 무모한 국가 해체로 (지적 동료인 아나톨리 추바이스, 예고르 가이다르 등과 함께) 보리스 옐친 같이 파렴치한 정치인들이 소련을 절벽으로 몰아붙였다. 사실 이와 관련해 제기되지 않는 사실은 옐친이 파벨 그라초프 장군의 지지를 받아 1993년 10월 소련에 대한 쿠데타를 감행했다는 것이다. 이것이 10월 반혁명이다.

1991년 소련은 붕괴했다. 거대한 사회적 부는 그 이후 과두제로 넘어갔다. 사회적 퇴화는 급속히 일어났다. 영국의 의료저널인 〈란세트〉Lancet는 1991년부터 2001년까지 10년 동안 '대규모 사유화의 경제적 충격과 충격 요법 때문에' 100만 명 이상의 러시아인이 사망했다고 추정했다. 러시아 남성의 기대수명은 소련 말에 65세였지만, 10년 뒤 60세로 떨어졌다. 소련 붕괴에서 등장한 새 공화국에 불평등과 슬픔이 돌아왔다. 여론조사에서 러시아 시민의 절반 이상이 소련 시절로의 복귀를 꿈꾸고 있다는 상투적인 결과가 나오는 것은 놀라운 일이 아니다.

이 모든 것은 우리 CPI-M과 제3세계 공산주의 운동의 다른 좌파들에게 명확했다. 1966년 트리콘티넨탈 연단에서 아밀카르 카브랄Amílcar Cabral*이 이미 경고했었다. "우리는 당 생활

* 아밀카르 카브랄(1924~73): 아프리카의 민족주의 혁명가. 포르투갈 식민지였던 기니비사우와 케이프베르데 제도의 독립 투쟁을 이끌었다. 1973년 기니비사우의 독립 선언 후 암살당했다.

의 모든 측면에서 혁명적 민주주의를 실천해야 한다. 우리 인민 대중들에게 아무것도 숨기지 말아야 한다. 어떤 거짓도 말해서는 안 된다. 거짓말은 언제라도 폭로해야 한다. 어떤 어려움, 실수, 실패도 숨겨서는 안 된다. 어떤 손쉬운 승리도 주장해서는 안 된다. (…)" 1990년 CPI-M 중앙위원회는 소련의 상황이 곧 소련의 파괴를 촉발할 것이라고 경고했다. '프롤레타리아 독재의 개념이 당의 독재로 귀결됐고, 이는 때로 당 지도부의 독재로 귀결됐다.' 소련 내의 민주주의는 고통을 겪었다. 노동계급과 농민은 소련에 대한 통제권을 상실했다. 이 권력은 사회주의적 경로를 추구하지 않는 새로운 계급에게 넘겨지고 있었다. 소련이 붕괴하자 CPI-M의 궤적 내에 있던 우리는 비록 소련 민중과 세계 정치에서 소련의 상실을 안타까워 했어도 결코 놀라지는 않았다.

소련이 몰락한 동일한 시기에 인도는 국제통화기금에 굴복했고, 인도의 사회 정치적 세계는 종교에 따른 정치적 폭력으로 몸살을 앓았다. 1992년 12월 6일 인도의 파시스트 세력은 16세기에 세워진 이슬람 사원을 파괴했다. 웨스트벵갈에서 좌파전선은 벵갈 만에서 히말라야 산맥에 이르는 700킬로미터의 인간 사슬을 연결하자고 민중들에게 호소했다. 나는 콜카타의 하즈라 교차로에 서서 양쪽 방향으로 끝없이 펼쳐진 것처럼 보이는 인간 사슬에서 다른 동지의 손을 잡고 있었던 일을 기억한다. 여기에서 파시즘과 자본주의에 대항하는 운동, 지고의 인간 자유를 위한 운동의 일부가 된 전율을 느꼈다. 우리는 대부분 서로 모르는 사이였지만, 단지 '다른 세계'만이 아니라 사회주의 세계, 동료애와 돌봄의 세계, 1917년 볼셰비키들이 혁명을 추동했던 가치의 세계를 만들기 위해 서로 연결되었다. 그것은 지금도 내가 갖고 있는 감정이다.

소련의 몰락은 쿠바를 강타했다. 왜냐하면 쿠바의 경제는 동유럽 블록과의 교역에 의존하는 구조였기 때문이다. 소련이 쿠바에서 군대를 철수시키고 니카라과와 앙골라에서 자신의 의무로부터 물러날 때 쿠바 지도부는 경계심을 가지고 주시했다. 고르바초프가 이끄는 소련의 새 정부는 서방에 대한 굴복을 기대하면서 소련의 힘을 후퇴시키고 있는 것처럼 보였다. 이것이 바로 1991년 카스트로의 상황 판단이었다 멕시코의 저널인 〈시엠프레〉Siempre 지와의 인터뷰에서 카스트로는 혁명 이후 70년 동안 소련에서 일어난 일에 대한 그의 판단을 제시했다. 소련의 해체가 불가피했는지 여부에 대한 카스트로의 대답은 전문 그대로 옮길 만한 가치가 있다.

> 나는 그런 변화가 역사적으로 불가피했다고 생각하지 않는다. 그런 식으로 생각할 수 없다. 나는 숙명론적 접근을 취하지 않는다. 왜냐면 자본주의로의 복귀와 사회주의 진영의 소멸이 불가피하다고 생각하지 않기 때문이다. 이 과정에서 주관적 요소가 중요한 역할을 했다고 생각한다. 예를 들어, 대중과의 유리 등 모든 종류의 오류가 있었다. 우리가 주제에 대해 깊히 숙고한다면, 대중들이 인류 연대의 우선성 등 사회주의적 이상에서 벗어났기 때문에 커다란 이데올로기적 약점이 있었다고 말하고자 한다. 사회주의의 진정한 가치는 무시되고 있었고, 시간이 흐르면서 물질적 가치에 대

한 관심이 더 많아졌다. 이런 종류의 과정에서 이데올로기적 부분이 무시된 반면, 물질적 부분이 강조되고 있었다. 성명, 연설, 문서 등에 따르면 갑자기 사회주의의 목적이 단지 해마다 민중의 생활 수준 향상에만 초점을 맞추는 것처럼 보이게 됐다. 좀 더 많은 직물, 좀 더 많은 치즈, 좀 더 많은 우유, 좀 더 많은 햄, 더 많은 물자. 나에게 사회주의는 민중의 삶의 총체적 변화이며, 이기심과 개인주의가 아니라 주로 사람들 사이의 연대에 기반한 새로운 가치와 새로운 문화의 확립이다.

사회주의는 민중의 삶의 총체적 변화이다. 이것은 카스트로만이 아니라 쿠바 혁명의 경험이 보여 주는 가장 중요한 핵심이다. 이것이 현재까지 사회주의 실험의 역사에서 가장 중요한 교훈이라고 나는 믿는다. 소련은 군주제에 맞선 발전, 농민과 노동계급의 해방, 파시즘에 맞선 투쟁과 반식민주의 운동에 대한 지지 등으로 기억될 것이다. 소련을 전적으로 숙청이나 다양한 상품 생산에서 실패한 것 등으로 기억할 수는 없다. 그러나 사회주의적 민주주의와 사회주의적 문화에 대한 우리의 이해를 심화시키는 데 실패한 점도 기억해야 한다. 이런 것은 우리 앞에 놓여진 도전이다. 우리는 사회주의를 죽은 과거가 아니라 살아 있는 전통으로서 그 의미를 심화시킬 새로운 아이디어를 발전시켜야 한다.

오늘날 소련이 몰락했음에도 불구하고 전 세계 많은 곳에서 우리 운동의 붉은 깃발은 여전히 높이 휘날리고 있다. 누가 이 붉은 깃발을 들 것인가? 우리 스스로의 자기 이해보다 더 커다란 대의를 믿으며, 지난 세기 지나온 과정에서 어떤 오류를 범했더라도 사회주의의 꿈이 여전히 살아 있고 건강하다고 믿는 용감한 남성과 여성이 그들이다. 이 용감한 여성과 남성들은 하늘을 우러러보며, 제3세계 위로 펼쳐진 붉은 별을 보게 될 것이다.

옮긴이의 말

비자이 프라샤드의 《제3세계의 붉은 별》(*The Red Star Over The Third World*, LeftWord, 2017)은 제3세계로 불리는 식민지-반식민지에서 러시아 혁명과 소비에트 연방(1917~91)이 미친 영향과 그 의미를 다각적으로 다루고 있다.

1991년 소련 해체 이후 러시아 혁명과 소비에트 연방 사회주의의 의미는 크게 퇴색했다. 냉전 체제의 종식과 함께 실패로 끝난 역사적 사회주의 프로젝트는 대중의 기억 속에서 희미해졌다. 전쟁과 공황으로 얼룩진 자본주의-제국주의 체제를 넘어 전 세계 노동자와 민중에게 희망을 줬던 러시아 혁명과 초기 사회주의 건설의 기억은 점점 잊혀지고 있다.

인도 마르크스주의자 비자이 프라샤드는 이 잊혀진 기억을 다시 되살린다. 소련은 제3세계의 하늘 위에 빛나는 붉은 별이었다. 사회주의 건설 과정에서 많은 오류와 비극적 경험이 있었음에도 불구하고, 소련은 식민지·반식민지에서 노동자와 민중의 희망이었다. 저자는 소련이 해체되고 사회주의의 의미가 퇴색한 현재에도 여전히 영감과 희망의 원천이라고 주장한다.

저자는 이 책에서 제3세계를 중심으로 폭넓게 러시아 혁명과 소련의 영향을 추적하고 있지만, 동아시아 부분은 충분히 다루지 못했다. 아쉽게도 식민지 조선에서 소련의 의미 역시 거의 다뤄지지 않았다. 따라서 옮긴이는 여기서 식민지 조선에서 러시아 혁명과 소련의 역사적 의미를 간략히 다루고자 한다.

***

러시아 혁명과 소련, 그리고 조선의 민족해방운동

역사적으로 러시아는 한반도에 큰 영향을 미쳤다. 특히 러시아/소련과 한반도의 근현대사는 긴밀하게 연결돼 있다. 러시아 혁명과 소비에트 연방은 식민지 조선의 민족해방운동에 결정적 영향을 미쳤고, 해방과 남북 분단에서 소련의 역할은 부정할 수 없다. 더 나아가 19세 후반 이후 동아시아의 격동적 역사는 중국 혁명에서 한반도의 분단/냉전 체제에 이르기까지 러시아 혁명/소련과 긴밀히 연결돼 있었다. 20세기 전반 제국주의 열강의 식민 지배에 저항한 중국과 조선 민중의 민족해방 투쟁에서 1917년 러시아 혁명과 신생 소련의 사회주의 건설 과정은 "붉은 별" 이상의 희망이었다.

러시아 혁명과 식민지 조선

1917년 러시아 혁명은 먼저 일제 식민지를 피해, 또는 생존하기 위해 러시아의 극동 지역에 살던 조선인들의 삶에 직접적 영향을 주었다. 극동 연해주와 시베리아가 이주 조선인의 생활 공간이었기 때문에, 이들은 러시아 혁명과 그에 이어진 러시아 내전(1918~23)에 직접적으로 참여해 볼셰비키와 함께 반동적 백군과 제국주의 군대에 맞서 싸웠다.

이 과정에서 러시아의 조선인들은 러시아공산당(볼셰비키) 지역 조직에 직접 가입하거나 조선인들의 공산당(이르쿠츠크파 고려공산당, 1918년)을 결성했다. 또한 러시아의 사회주의 건설과 조국의 민족 해방을 서로 연결된 과제로 인식했기 때문에, 러시아의 영토에 갇히지 않고, 만주와 조선 본토에서 사회주의/공산주의 운동과 조직을 건설하기 위해 분투했다.

다음으로, 러시아 혁명과 소련은 식민지 조선의 민중에게 커다란 영향을 미쳤다. 직접적 사건은 일제의 무단통치에 맞선 1919년 3.1 민중항쟁이었다. 일제의 강제 합병으로 식민지로 전락한 조선에서 러시아의 민중 혁명은 새로운 희망이자 민족 해방의 미래였다. 일부에서 우드로 윌슨의 민족자결주의를 3.1 운동의 직접적 요인으로 지목하지만, 러시아 혁명과 소비에트 연방의 수립이 더 결정적 요인이었다. 윌슨의 민족자결주의가 유럽의 전승국에 국한된 제안이었음이 드러나면서, 식민지에서 속칭 "윌슨 대 레닌의 투쟁"은 레닌의 압승으로 끝났다.

1919년 3.1 민중항쟁은 민족주의 지도부의 기회주의에도 불구하고 전 민족적 저항운동으로 발전했다. 2개월 동안 200만 명이 참여한 대중 봉기는 일제의 식민 지배를 그 뿌리부터 위협했다. 전국 218개 부 군에서 1491건의 시위가 일어났고, 주재소와

면사무소 169개소가 파괴됐다. 일제의 폭압으로 피살자 7979명, 부상자 15961명, 검거자 46948명 등의 막대한 피해가 발생했음에도, 지식인과 청년 학생 중심의 반일 만세 운동은 노동자와 농민 등 기층 민중이 대규모로 결합한 전국적 민중항쟁으로 발전했다.

3.1 민중항쟁이 일제에 진압당한 이후 민족주의 경향이 패배주의에 경도되어, 개량과 투항의 길을 모색한 반면, 새로 형성된 좌파운동은 본격적 민족해방 투쟁을 주도했다. 그 결과 1920년대는 반일 민족주의 운동으로부터 민족해방운동의 분화와 발전이 이뤄졌고, 1930년대에는 국내의 급진적 대중 투쟁과 공산당 재건 운동, 만주의 무장 투쟁 등 다양한 지역과 부문을 아우르는 식민지 조선의 민족해방운동이 활발하게 전개됐다.

1920~30년대 민족해방운동의 전개

일제의 무단통치기(1910~19)를 돌파한 3.1 항쟁 이후 조성된 문화통치기(1919~31)에 사회주의 운동과 민족해방운동은 임시정부와 민족주의 계열을 압도하면서, 반제-반일 민족해방운동의 주류로 자리잡았다. 그리고 1930년대 동북아 정세의 변화(1931년 만주사변, 1937년 중일전쟁, 1941년 태평양전쟁)와 맞물린 민족말살 통치기(1931~45)에는 해외 무장 투쟁과 국내 비합법 지하조직 운동으로 끈질긴 저항을 이어갔다.

일제하 민족해방운동은 공간적 측면에서 조선 본토 외에도 만주와 중국 본토, 러시아, 일본 등의 조선인 디아스포라를 아우르는 초국경적 네트워크를 형성하면서 전개됐다. 여기에서 소비에트 연방과 코민테른은 동북아 식민지 민족해방운동을 지도하고 지원했다.

민족주의 계열의 운동이 전적으로 중국국민당의 지원에 의존했던 반면, 좌파의 민족해방운동은 조선과 중국, 만주와 러시아 극동 지대를 연결하는 지리적, 인적 네트워크를 통해 조직적으로 전개됐다. 뿐만 아니라, 노동자와 농민의 대중 운동, 공산당 등 전위조직 운동과 통일전선 운동, 일본제국주의 군사력에 맞선 무장 투쟁 등 다양하고 다층적인 운동을 조직적으로 전개했다.

1920년대 국내의 민족해방운동은 크게 사회주의 운동의 활성화, 민중운동의 대중적 발전으로 나타났다. 노동운동 영역에서는 1923년 최초의 메이데이 행사가 치러졌고, 1924년 조선노농총동맹(260개 노동 단체, 회원 53000명)이 결성됐다. 이런 대중적 조직화와 함께, 1923년 경성고무 여공 파업, 1926년 목포 제유 노동자 파업, 1927년 영흥 흑연광산 파업, 1929년 원산총파업(원산노련, 4개월 파업) 등 대중 투쟁이 벌어졌다.

식민지 민중의 압도적 다수를 차지한 농민의 경우, 1927년 노농총동맹에서 분리된 농민총동맹에는 전국적으로 32개 농민 단체, 24000명 회원이 조직됐다. 1933년에 이르면 35개 가맹 단체, 34000명 회원의 규모를 갖춘 전국적 대중 조직으로 성장했다. 1923년 암태도 소작 쟁의는 1920년대의 대표적 농민 투쟁이었다.

더불어 청년학생 운동과 여성운동도 활성화됐다. 1924년 결성된 조선청년총동맹에는 전국의 250개 단체가 가입해 청년운동의 대중적 기반이 마련됐다. 1923년 결성된 조선학생회를 비롯해 사회주의 학생 단체도 조직됐고, 이들은 1926년 6.10 만세운동의 핵심 역량이 됐다. 1920년대 말의 대표적 학생 투쟁인 1929년 광주학생운동에는 149개 학교, 54000명이 참가했다. 여성운동 역시 1924년 조선여성동우회, 1926년 중앙여자청년동맹, 1927년 근우회 등 근대적 여성운동의 조직들이 결성돼 민족해방과 남녀평등을 위한 투쟁에 나섰다.

1927년 반일민족통일전선으로 출범한 신간회는 1920년대 국내 민족해방운동의 결정적 성과였다. 개인 가입의 조직 원리를 채택한 신간회는 일제의 지속적 탄압으로 안정적 조직 운영이 사실상 불가능했지만, 1931년 5월 141개 지회, 회원 4만여 명을 보유한 대표적 민족운동 전선체로 발전했다. 1929년 광주학생운동을 지원하기 위해 민중대회를 개최하려다 지도부 44명이 체포된 이후 집행부의 우경화와 내부 갈등으로 1931년 5월 신간회는 해소됐다. 사회주의 세력과 비타협적 민족주의 세력이 결집한 반일민족통일전선이란 의의를 갖고 있었음에도 신간회의 정치 조직적 실험은 미완으로 끝났다.

일제의 중국 침략으로 정세가 더욱 엄혹해진 1930년대의 민족해방 투쟁은 대공항과 파시즘의 대두 등 국제 정세와 맞물려 더욱 급진화됐다. 합법적 대중운동의 공간이 봉쇄된 상황에서도 반합법/지하 투쟁과 조직화는 완강하게 이어졌다.

1930년대 모색된 적색노조 건설 운동은 1931~35년 70여 건의 조직 탄압으로 1700명이 구속될 정도로 강력했다. 1930년 부산 조선방직 파업, 평양 평원고무 파업(여성노동자 강주룡 을밀대

지붕 위 76시간 단식농성), 1935년 진남포 제련소 파업 등 일제의 탄압을 무릅쓴 대중 투쟁과 파업이 이어졌다.

혁명적 농민운동 역시 전국 80개 군에서 적색농민조합이 조직화될 정도로 완강한 저항을 이어갔고, 1931~35년 103건의 사건으로 4000여 명이 체포됐다. 명천농민조합 투쟁(1934~37)이 대표적인 투쟁이었고, 합법적 농민 조직과 투쟁 공간이 제한되면서 면사무소, 주재소, 경찰서 습격, 소작 쟁의 등 더욱 강력한 저항이 폭발하는 양상을 보였다.

소련/코민테른과 민족해방운동

프롤레타리아 세계혁명을 지향한 코민테른(1919~43)은 1920년대 유럽 혁명과 공산주의 운동 건설에 주력을 투여하면서도, 식민지·반식민지의 민족해방운동의 혁명적 잠재력에 주목했다. 동방노력자대회(바쿠 1920년, 모스크바 1921년)는 소비에트 연방과 공산당이 민족해방운동을 연대-지지한다는 정치적 표현이었고, 여기에 조선의 활동가들은 참여했다. 그리고 코민테른의 모스크바공산대학과 레닌정치학교는 조선의 활동가들을 교육시켜 조선에 파견했다.

또한 소련 정부와 민중은 식민지 조선의 민족을 지지하고 지원했다. 예를 들어, 1920년 대홍수 때에는 국제붉은원조MOPR를 통해 조선 민중에게 구호품을 보냈고, 1926년 6.10 운동이 일어났을 때 소련 정부 기관지 〈프라우다〉는 이 사건을 상세하게 보도해 소련 민중에게 국내 항일 운동을 지속적으로 소개했다.

1930년대 이후 코민테른과 소련은 만주의 무장 투쟁을 직간접적으로 지원했고, 조선인 민족해방게릴라(빨치산)에게 피난처를 제공했다. 김일성이 일본의 압제 아래서 살아남아 해방 정국에서 북조선의 지도자로 등장할 수 있었던 것도 소련의 지원 덕분이었다. 이런 의미에서 러시아 혁명과 소련은 조선의 식민지 민족해방운동과 긴밀히 연결된 운명 공동체로서, 일국적 운동을 넘어선 초국경적 운동의 지도부로서 기여했다.

코민테른과 조선 공산주의 운동

러시아 혁명과 소비에트 사회주의 건설의 직접적 영향 아래 식민지 조선의 공산주의자들은 러시아와 중국, 조선에서 초국경적 당 건설 투쟁에 들어갔다. 1910년대 후반과 1920년대 초반에 걸쳐 한인사회당(1918), 고려공산당(1921, 상해파), 한인공산당(1920), 고려공산당(1920년 5월, 이르쿠츠크파) 등 초기 조직이 러시아와 중국에서 결성됐다.

국내에서도 1919년 3.1 운동 직후 형성된 좌파 사상 서클의 활성화와 대중 조직(조선노농총동맹과 조선청년총동맹 등) 건설 과정을 거쳐 1925년 화요회 주도로 좌파 사상 서클의 결집체로서 조선공산당이 결성됐다. 조선공산당은 1928년 코민테른 중앙집행위원회의 〈12월 테제〉로 해체될 때까지 3년여 동안 네 번에 걸친 일제의 대대적인 탄압과 검거 속에서 세 차례의 당대회를 열고 노동자·농민운동, 청년·학생·여성운동, 신간회 운동 등에서 주도적 역할을 수행했다. 또한 1926년 6·10 시위 운동 등 대중 투쟁을 주도했다.

이후 일제가 민족 말살 정책으로 전환한 1930년대의 비합법 상황 속에서 당 재건 운동을 멈추지 않았다. 서울상해파, ML파, 화요파 등 각 정파는 제각기 당 재건 운동을 벌였고, 이재유의 경성트로이카그룹(1933~36), 박헌영의 경성꼼그룹(1939~41) 등의 활동이 있었지만 일제의 폭압 때문에 당 재건 운동은 실패로 끝났다.

전체적으로 일제하 조선의 공산주의 운동은 일본의 식민 지배에 저항하는 강력한 조직 운동으로서 갖은 물리적 탄압과 사상 전향의 폭압 아래서 완강한 저항 운동과 조직 건설 투쟁을 이어갔다. 1920-30년대 해마다 수백 건의 조직 사건에 수천 명이 연루되어 체포됐다. 특히 비합법 투쟁이 왕성하게 전개된 1930년대 초반의 경우 연간 400~500건에 4000~5000명의 사상범이 대량생산됐다. 해방 직후 전국의 교도소에서 2만 명의 사상범이 석방될 정도였다.

일제하에서 시기에 따라 차이는 있지만, 조선의 공산주의 운동은 코민테른이 지도하는 국제 공산주의 운동의 유기적 일부로서 일본 제국주의에 맞선 민족해방 투쟁을 주도했다. 비록 연이은 일제의 탄압과 검속으로 안정적 조직을 유지할 수 없었고 대중 활동도 제한적이었지만, 공산주의 운동은 1920~30년대 국제적 혁명운동과 민족해방 투쟁, 특히 동북아시아에서 중국 혁명과 유기적 연관 속에서 동아시아와 조선 식민지 해방 투쟁에 기여했다.

코민테른의 역사는 프롤레타리아 세계혁명이란 원대한 이상과 식민지 각지의 다기한 현실 운동 사이의 간극에서 모순과 오류로 가득차 있다. 코민테른은 급변하는 국내외 정세에 대응하면서 좌충우돌을 되풀이했고, 이 과정에서 식민지 조선의 민중과 전사들이 희생양이 되기도 했다.

세계혁명을 기치로 내걸고 등장한 코민테른은 1차 세계대전과 2차 세계대전 사이의 역동적 전간기에 지구상 전역을 대상으로 강력한 혁명운동을 전개했다. 그리고 특히 레닌의 소비에트 정부와 코민테른이 표방한 공산주의 운동과 식민지 민족해방운동의 연대 전략은 1차 세계대전의 위기로부터 회복되지 못한 제국주의 체제에 커다란 위협이 되었고, 이는 민족 독립과 해방을 원하는 식민지 노동자·민중의 희망이 됐다.

그러나 코민테른의 역사는 유럽의 노동자계급 운동을 급진화하고 식민지 민족해방운동을 자극한 성과와 동시에, 현실의 투쟁을 지도하는 과정에서 많은 오류와 한계를 노정했다. 국가-당 체제로 인한 관료주의와 공산당의 조직 물신주의로 인해, 세계혁명의 기지로서 소련의 역할과 세계 혁명당으로서 코민테른은 시대의 한계를 넘어서지 못했다.

특히 식민지 조선의 민족해방운동과 관련해 코민테른과 소련 정부의 잘못된 결정은 비극적 결말을 낳았다. 식민지의 구체적 특수성을 간과하여 유럽이나 중국의 상황을 기계적으로 적용하는 오류는 민족해방운동에 치명적이었다. 예를 들어 1930

년대 초반 계급 대 계급론과 사회 파시즘 등의 코민테른 정책은 민족해방운동에 부정적 영향을 미쳤다. 더불어 1921년 자유시 사건, 1932~37년 민생단 사건, 1937년 고려인 강제이주 등은 조선인 디아스포라와 민족해방운동이 겪었던 비극적 사건이었다.

일제하 무장 투쟁

조선의 식민지 민족해방운동에서 중요한 영역은 무장 투쟁/운동이었다. 이런 군사적 저항 운동은 국내의 대중운동과 함께 민족해방 투쟁의 양대 축을 형성했다. 역사적으로 무장 투쟁은 크게 다섯 단계로 나눠 볼 수 있는데, 이 변화는 민족주의로부터 민족해방운동으로의 정치 군사적 발전 과정이었다.

1단계(1905~19)는 국내의 의병 운동을 중심으로 전개됐고, 특히 군대 해산 이후 전국적 투쟁으로 발전한 1907~10년 시기에는 2819건의 전투가 벌어졌다.

2단계(1919~21)는 국외의 만주 지역에서 민족주의 계열을 중심으로 전개됐고, 1920년 봉오동 전투와 청산리 전투에서 승리했다.

3단계(1921~31)는 민족주의와 공산주의 계열의 분화가 이뤄지는 시기였다. 만주와 연해주에서 무장 투쟁이 전개됐고, 1921년 비극적인 자유시 사건이 발생했다.

4단계(1931~37)는 만주를 중심으로 항일 무장 투쟁이 활발하게 전개된 시기이며, 중국공산당과의 연계 아래 동북항일연군이 결성됐다. 김구의 민족주의 계열은 윤봉길, 이봉창 등의 테

러로 일제에 저항했다. 또 민생단 사건으로 비극적 피해가 발생하기도 했다.

마지막 5단계(1937~45)는 중국 본토로 전쟁이 확대되고 태평양전쟁으로 이어진 시기이다. 만주 지역의 무장 투쟁이 활발하게 벌어졌지만, 1941년에는 소련 영토로 후퇴했다. 반면 중국 본토에서는 조선의용군(김원봉, 김두봉, 무정 등 연안파)이 중국 팔로군에 합류해 대일 항전에 나섰다.

무장운동은 일제의 40년 폭압에 맞서 민족 해방을 쟁취하는 유력한 수단이자 민중을 보호하는 투쟁이었다. 만주사변(1931)과 중일전쟁(1937) 등 변화하는 정세에 대응하면서 중국 및 소련과 연대해 완강한 투쟁을 벌였다. 동시에 무장운동은 일제의 무자비한 학살과 탄압을 불러오기도 했다. 비록 무장 투쟁으로 식민지 해방을 이뤄내지는 못했지만, 만주와 연해주, 중국 본토에서 독자적으로 또는 연대를 통해 완강한 무장 저항을 지속했던 전사들은 1945년 일제의 패망 이후 자랑스럽게 조국으로 돌아올 수 있었다.

러시아 혁명/소련과의 재접속

민족해방운동 형성의 초기 과정에서 자생적 의병 운동이나 3.1 민중항쟁의 성과와 유산은 러시아 혁명과 소련을 매개로 민족주의적 한계를 넘어 민중적·계급적 대중운동과 사회주의적 좌파운동으로 발전했다. 그리고 이런 민족해방운동은 친일로 전향하거나 개량주의로 선회한 민족주의 경향을 제압할 정도로 발전하면서, 반일 민족해방운동의 주도했다.

반면 해방 이후 역사는 냉전 체제의 소용돌이 속에서 좌우 대립과 남북 분단으로 이어졌다. 북에서는 사회주의 체제가 개인 숭배와 국가-당 독재로 변질된 반면, 남에서는 극우적 군사독재와 자본주의적 시초축적이 결합된 개발 독재가 사회를 지배하는 구도가 형성됐다. 특히 중소 분쟁을 배경으로 북한의 자주화 경향이 주체사상과 개인 숭배로 왜곡되면서, 러시아 혁명/소련과의 연결고리는 끊어졌다.

한편 남에서 1970~80년대 형성된 반독재 민주화운동과 자생적 민중운동을 중심으로 새로운 저항 주체가 형성됐고, 1980년 광주항쟁을 계기로 학생운동이 급진화됐다. 1980~90년대 전투적 학생운동과 노동운동의 형성 과정에서 신생 급진적 좌파운동은 마르크스주의를 통해 러시아 혁명/소련과의 재접속을 시도했다.

이 과정에서 잊혀진 민족해방운동의 역사가 부분적으로 복원됐고, 이는 1980년대 학생운동의 전투화와 급진화에 기여했다. 더불어 남과 북에서 버림받고 잊혀졌던 혁명가들과 식민지 좌파운동에 대한 기억의 복원도 시도됐다. 그러나 1991년 소비에트 연방이 해체되는 충격 속에서 이후 자생적 좌파의 정치적 주체 형성은 미완의 프로젝트로 남았다. 그리고 부분적 성과에도 불구하고, 식민지 시대 민족해방투쟁이나 좌파 운동과의 재접속 역시 미완의 과제로 이월되고 있다.